Ähnlich klingende Konsonanten

1. B oder P? 3
2. D oder T? 5
3. G oder K? 8
4. G, K oder CH? 10
5. F, V, PH oder PF? 12
6. X, KS, CKS oder CHS? 15

Vokale

1. Lange Vokale 17
2. Kurze Vokale 23

Diphthonge (Zwielaute)

1. ÄU oder EU? 31
2. AI oder EI? 33

S-Laute

1. Im Inlaut 35
2. Im Auslaut 40
3. Zusammenfassung 43
4. das oder dass? 44

Groß- und Kleinschreibung

1. Die Grundregel 48
2. Höflichkeitsformen 50
3. Substantivierung (Nominalisierung) 54
4. Numeralia 60

Getrennt- und Zusammenschreibung

1. Verben 63

So schreibst du ein Partnerdiktat:

1. Gemeinsam mit einer Partnerin oder einem Partner liest du dir den Diktattext zuerst vollständig durch, damit du weißt, worum es in dem Text geht.

2. Eine/r von euch beiden beginnt mit dem Diktieren:
   – Er/sie liest den Satz einmal vollständig vor;
   – dann diktiert er oder sie den Text in kleineren Abschnitten mit allen Satzzeichen.
   So verfahrt ihr mit allen Sätzen des ersten Textabschnitts.

3. Danach werden die Rollen getauscht. Wer zuerst geschrieben hat, darf jetzt den zweiten Textabschnitt diktieren. Wer das Diktat schreibt, darf natürlich nicht spicken. Das lässt sich gut vermeiden, wenn man den Diktattext im eigenen Heft mit einem Blatt Papier abdeckt.

4. Zum Schluss werden die diktierten Textabschnitte mit der Textvorlage verglichen und die Fehler am Rand gekennzeichnet.

5. Alle beide berichtigen ihre Fehler.

So schreibst du ein Selbstdiktat:

1. Teile dir den Text in kurze Absätze ein (ca. 1/2 - 1 Satz), die du dir gut auswendig merken kannst. Trenne diese Abschnitte mit Schrägstrichen ab.
2. Lies den Text jeweils bis zum nächsten Schrägstrich, schreibe dann diesen Abschnitt auswendig in dein Heft.
3. Vergleiche deinen geschriebenen Text mit der Vorlage und streiche alle Fehler an.

Die eingeklammerten Zahlen auf dem Seitenrand verweisen auf die entsprechenden Abschnitte in der „Schoebe Elementargrammatik“ (nach der Rechtschreibreform).

Dieses Werk folgt der reformierten Rechtschreibung und Zeichensetzung.

2. Auflage 1997 E
Druck 06 05 04
Die letzte Zahl bezeichnet das Jahr des Drucks.

Alle Drucke dieser Auflage sind untereinander unverändert und im Unterricht nebeneinander verwendbar.

hergestellt aus 100% Altpapier Umweltschutzpapier

Umschlagkonzept: Mendell & Oberer, München
Umschlaggestaltung: Zembsch Werkstatt, München
Lektorat: Annette Rose
Herstellung: Eva Fink
Satz: Satz+Litho Sporer KG, Augsburg
Druck: Peradruck, Gräfelfing

ISBN 3-486-**87016**-5

1. B oder P?

(87)

1 Schreibe die Wörter in der richtigen Schreibweise in die Tabelle.

B/P	-rille	Brille	O	
	-latz		P	
	-rot		E	
	-rächtig	prächtig	R	R
	-rand		I	
	-linker		T	
	-litz		Z	
	-rezel		I	
b/p	-rauchen		K	
	-lut		I	
	-lötzlich		I	
	-reit		S	
	-robe		M	
	-latte		A	

Bei richtiger Lösung der Aufgabe ergeben die Buchstaben, die hinter den mit *p* geschriebenen Wörtern stehen, ein Lob für dein fleißiges Üben:

____.

2 Die folgenden Verbformen schreibst du bestimmt richtig, wenn du sie auf die Infinitive zurückführst.

Sie hu p te laut, als sie vorbeifuhr. (hupen)

Für die Theateraufführung muss noch viel gepro __ t werden. (____________)

Ob die Nachkommen nach seinem Tod viel geer __ t haben? (____________)

Frau Brillig lo __ te die 6b, weil sie so gute Diktate geschrie __ en hatte.

(____________ / ____________)

Du musst aufpassen, dass du nicht so schwer he __ st. (____________)

In Gunters Briefmarkenalbum kle __ ten interessante Marken. (____________)

Vor dem Backen eines Kuchens muss das Mehl gut gesie __ t werden. (____________)

Wer hat denn hier die Möbel so gut abgestau __ t? (____________)

Wer blei __ t bei diesem Sonnenschein noch im Haus? (____________)

Wenn du unsicher bist, ob du am Ende eines Wortes *b* oder *p* schreiben musst, kannst du das **Verlängerungsverfahren** zur Hilfe nehmen. Beispiel: Kalb → Kälber; Staub → staubig

3 Vervollständige die Wörter, verlängere sie anschließend und unterstreiche das *b*.

Lo-	b	Lob → loben
Sta-		
Kor-		
hal-		

Lau-	b	
Rau-		
Betrie-		
gro-		

4 Ordne die folgenden Wörter in alphabetischer Reihenfolge und unterstreiche *b* und *p* in zwei verschiedenen Farben.
Wortspeicher: Lebkuchen - selbstverständlich - Herbst - Abschied - Erlaubnis - Erlebnis - hübsch - Rollmops - Häuptling

5 Verfahre genauso.
Wortspeicher: Schlips - Webstuhl - siebzig - Obst - Lämpchen - Knorpel - Krebs - Stempel - Erbse

6 Wie du die Rechtschreibung mithilfe eines **Partner- oder Selbstdiktats** üben kannst, ist auf Seite 2 nachzulesen.

1.1 Das Polarmeer

Das Polarmeer mit seinem Treibeis und den riesigen Eisbergen birgt immer noch tödliche Gefahren für die Schifffahrt. Während das Treibeis in großen Brocken auf der Wasseroberfläche schwimmt und große Schiffe einschließen kann, sind die Eisberge nur zu einem Siebtel zu sehen. Das Packeis schiebt sich mit so ungeheurem Druck übereinander, dass es sogar das Deck eines Schiffes zerschlagen kann. Der Polarforscher Nansen, der 1895 mit seinem Schiff ins Packeis geriet, berichtet:

„Es begann um vier Uhr morgens. Riesige Eisplatten drohten das Schiff immer mehr einzuschließen. Breite Risse waren in den Eisplatten zu erkennen, die sich unaufhörlich bewegten. Das Eis stöhnte, presste, zerbarst, bis plötzlich ein gewaltiger Eisblock krachend auf das Mitteldeck stürzte. Das Schiff zitterte, die Balken stöhnten unter der Last des Eises. Die Backbordseite war unter dem Eis begraben und das Schiff neigte sich unter seiner Last gefährlich zur Seite. Plötzlich war alles still. Das Eis hatte sich beruhigt. Doch wie sollten wir uns aus seiner Macht je befreien können?“

[*nach: Fritz Müller (Hg.): Hoher Norden. Natur und Mensch in der Arktis, Zürich/Freiburg i. Br., 1977*]

2. D oder T?

1 Setze die Silben so zusammen, dass sinnvolle Wörter entstehen. (88)

Mäd Ord Ern ge nir drin Zu Ad Rot Frucht Ge Ta kunft scheit gend stift duld nung chen gends del te saft ler

Geduld, ______________________________

____

____

____

2 Mit dem **Verlängerungsverfahren** findest du die richtige Schreibweise der folgenden Wörter heraus.

bedeuten d	→ bedeutende	Ra __	→ ________	Ra __	→ ________
Abschie __	→ ________	Stran __	→ ________	Wal __	→ ________
Nei __	→ ________	mil __	→ ________	Gewal __	→ ________
begeister __	→ ________	Fluch __	→ ________	Schul __	→ ________
Aben __	→ ________	Freun __	→ ________	Dutzen __	→ ________
run __	→ ________	San __	→ ________	Arbei __	→ ________

> Die **Silbe** *end-* besagt, dass etwas zu Ende geht; z. B. endlich, Endspurt.
> Die **Vorsilbe** *ent-* steht in fast allen anderen Fällen, z. B. enttäuschen, Entzündung

3 Ergänze mit einem *d* oder einem *t*.

unen __ lich	en __ fesseln
En __ spannung	En __ station
en __ gleisen	Wochenen __ haus
en __ färben	en __ zweien
En __ summe	en __ los
en __ gültig	

Das **Partizip Präsens** endet immer auf *-end*. Auch bei den **Steigerungsformen** bleibt diese Schreibweise meistens erhalten.

4 Bilde von den folgenden Verben das Partizip in der Grundform und im Superlativ.

aufregen: eine aufregende Entdeckung
die aufregendste Entdeckung

auffallen: ______

erfrischen: ______

überzeugen: ______

strahlen: ______

anstrengen: ______

5 Die folgenden Wörter kannst du zerlegen und dann das **Verlängerungsverfahren** anwenden um die richtige Schreibweise zu finden.

z. B. Bin_d_faden ← binden

Er__teil	← ______	stün__lich	← ______
Rei__pferd	← ______	wer__voll	← ______
Kun__schaft	← ______	Bil__nis	← ______
frie__lich	← ______	Gesun__heit	← ______
Ran__stein	← ______		

(89) Du unterscheidest: Sta**dt**: eine größere Ansammlung von Häusern
Lagerstä**tt**e: ein Platz, an dem man sich aufhält oder etwas lagert

6 Bilde zusammengesetzte Wörter und überlege mithilfe der vorangegangenen Erklärung, ob du *dt* oder *tt* schreiben musst.

-stadt- / -stätte-

Gast ______	Industrie ______
______ mauer	______ teil
______ theater	______ plan
Ruhe ______	

7 *and*, *end* oder *andt?*
Ordne die Wörter des Speichers nach ihrer Schreibweise. Schreibe die Wörter, die miteinander verwandt sind, möglichst in eine Zeile.

Verwandtschaft	Gesandtschaft	Gewandtheit	Versand	Verband	gesandt	(ich) sendete
Absender	(ich) sandte	verwandt	Verwandte	Versandhaus	(ich) verband	Gesandter
gewandt	versenden	Gewand	wenden			

-and: ______________________________

____

-end: ______________________________

-andt: ______________________________

____

2.1 Warum es keinen Krieg geben darf (chinesisches Märchen)

nach Ernst Penzoldt

8 Fülle die Lücken mit *d - t* oder *dt - tt*.

Als der Krieg zwischen den beiden benachbarten Län___ern unvermeidlich geworden war, schickten die beiden fein___lichen Fel___herren Späher aus um zu erkun___en, an welcher Stelle man am leichtesten in das Nachbarlan___ ein___ringen könnte. Und die Kun___schafter kehrten zurück und berichteten: „Es gibt nur eine kleine Sta___ an der Grenze, wo wir in das an___ere Lan___ eindringen können ohne gesehen zu wer___en. Aber dor___ wohnt ein kleiner braver Bauer mit seiner Frau, die wun___erschöne Gewän___er schnei___ern kann. Wir haben zwei unserer Männer dorthin gesan___ um die beiden zu fragen, was sie von einem Krieg hiel___en."

9 Verfahre hier genauso.

Als diese die schreckliche Nachrich___ hörten, wur___en sie sehr betrübt und sagten: „Wir haben Freun___e und Verwan___e in diesem an___eren Lan___ und wir wollen in Frie___en mit ihnen leben. Außerdem spielt unser Kin___ immer im Gar___en vor unserem Haus. Und wenn ihr in das an___ere Lan___, das ihr Fein___eslan___ nennt, ein___ringt, dann könnte unsere Toch___er nicht mehr im Gar___en spielen, denn ihr würdet unser Grun___stück zer___rampeln. Das wollen wir nicht. Sagt das bitte euren Fel___herrn." Ja, und das sahen die Herren wohl oder übel ein. Der Krieg fan___ nicht sta___; wie jeder Mensch begreifen wir___.

[*Warum es keinen Krieg geben darf, nach: Ernst Penzoldt, aus: Der bunte Hund, Heft 3, Weinheim/ Basel, 1981*]

10 Nachdem ihr die Lücken ausgefüllt und die Ergebnisse verglichen habt, könnt ihr den Text als Vorlage für ein **Selbst- oder Partnerdiktat** benutzen.

(90)

3. G oder K?

1 Schreibe die Wörter in der richtigen Schreibweise daneben.

G/K	-ruß	Gruß	A	
	-rank		K	
	-räte		R	
	-rinsen		A	
	-las		K	
	-reide		N	
	-nade		A	
	-rund		R	
g/k	-rach	Krach	O	O
	-rug		S	
	-rammatik		E	
	-ragen		P	
	-lauben		I	
	-rampf		E	
	-riechen		N	

Bei richtiger Lösung nennen dir die Buchstaben, die hinter den mit *k* geschriebenen Wörtern stehen, etwas, was du im Frühling häufig an Bäumen siehst: ______________________.

2 Um die folgenden Verbformen richtig zu schreiben musst du den Infinitiv bilden.

„Hier lie __ t so viel Müll im Klassenzimmer", bekla __ te sich Frau Zenger.

Christiane bor __ te ihrem Freund das neue Mountainbike.

Beim letzten Volleyballturnier haben wir nur ganz knapp gesie __ t.

Claudia tru __ besonders gerne Jeans.

3 Verlängere, dann weißt du, ob du im Auslaut *g* oder *k* schreiben musst.

Flug	→ Flüge, fliegen	Spu __	→ ______________
Betru __	→ ______________	Zan __	→ ______________
Ber __	→ ______________	Wer __	→ ______________
Sie __	→ ______________	Gestan __	→ ______________
Rundfun __	→ ______________	Par __	→ ______________

4 Die folgenden zusammengesetzten Wörter kannst du zerlegen. Dann musst du den ersten Teil verlängern, damit du weißt, ob du *g* oder *k* schreiben musst.

Schla		sahne	Schlagsahne < schlagen
Waa		schale	
Ber		tour	
Len	g/k	rad	
We		weiser	
Blin		licht	
Flu		hafen	
Anfan		sbuchstabe	

5 Hier stimmt doch etwas nicht! Suche den Fehler und berichtige den Satz.

✻ Björn versuchte vorsichtig das Bild mit der ~~Klinke~~ auszuschneiden.

Klinge

✻ Wer liest heute den Engeln etwas vor, wenn es nicht der Großvater tut?

✻ Jerry und Tom haben sich beim Raufen den Fuß verstaucht. Langsam hingen sie über die Straße.

✻ Das Schiff sang, ohne dass man etwas dagegen tun konnte.

✻ Bank saß Jürgen in der Ecke, denn er hatte seine Hausaufgaben vergessen.

✻ Dem Schlankenbeschwörer im Zirkus gelang eine gute Vorstellung.

✻ Leise drückte Uwe die Klinge herunter und öffnete die Tür.

6 Bilde mit den Wörtern, die du in Aufgabe 5 durchgestrichen hast, richtige und sinnvolle Sätze.

____

____

____

____

____

____

(90, 91)

4. G, K oder CH?

1 Hier musst du von hinten nach vorne lesen, wenn du sinnvolle Wörter erhalten willst.

thculchS:	Schlucht	hcietnenawhcS:	______
reithceirK:	______	hculF:	______
tkramnehcoW:	______	legeiS:	______
thcaM:	______	lehciS:	______
etsilhcirtS:	______	hcippeT:	______
rütgifäK:	______	ginnefP:	______
nehcuat:	______	hcitteR:	______
nehcam:	______	gissE:	______
negaM:	______	rethcarF:	______
neguat:	______	thcadreV:	______
giettorB:	______		

2 Ordne die Wörter aus der vorigen Aufgabe nach ihrer Schreibweise.

G/g: ____

____

____

K/k: ____

Ch/ch: ____

____

____

____

3 Vervollständige die Wörter.

-ig oder *-lich* ?

die häss________ jungen Entlein	die ranz ________ Butter
die knoll ________ Nase	der sonn ________ Süden
die erd ________ Hände	der süß ________ Duft
die brenz ________ Situation	der find ________ Denker
die verläss________ Freunde	die fürchter ________ Aufregung
die geschäft ________ Beziehungen	der jähr ________ Hausputz
die münd ________ Aufgabe	der dreijähr ________ Bruder
die stachel ________ Beere	

4 Übe die Schreibweise dieser ähnlich klingenden Konsonanten in einem **Partnerdiktat.**

4.1 Der glückliche Hamster

Der Hamster ist sehr zufrieden und glücklich. Seine behagliche Erdhöhle hat er in einen sandigen Boden gegraben, wo es sehr trocken ist. Sie besteht aus einem Vorraum, einem Wohnraum und einem Lagerraum. Der Lagerraum ist bis zur Decke mit Getreidekörnern gefüllt. Deswegen ist der Hamster auch so zufrieden.

Den ganzen Sommer über hat er fleißig diesen Getreideschatz zusammengetragen. Nun kann er beruhigt den Winter erwarten. „Ich werde noch etwas Stroh sammeln und damit den Wohnraum auskleiden, dann kann es mir auch hier nicht kalt werden“, denkt der Hamster und macht sich schnell an die Arbeit.

[*nach: Erwin Moser, Der zufriedene Hamster, aus: Der bunte Hund, Heft 5, Weinheim/Basel, 1982*]

(96) 5. F - V - PH - PF

1 Der Laut *f* wird als *f* oder *v* geschrieben.
Ordne die Wörter des Speichers in die unten stehende Tabelle ein und unterstreiche den Buchstaben, der den f-Laut in der Schrift wiedergibt.

Friede Hafer Vorteil Fell vielleicht Schlafanzug völlig Motiv Strafe frisch fassen Vers Vogel Graf tief fallen Forelle Fortschritt Vetter Ferse brav passiv aktiv

F		V	

2 Das geschriebene *v* wird manchmal wie *f*, manchmal aber auch wie *w* gesprochen.
Unterscheide die Aussprache und ordne die Wörter des folgenden Speichers in die unten stehende Tabelle ein.

Klavier Vase Kurve November Veranda Vitamin passiv aktiv brav Visum Detektiv Motiv Proviant Stativ privat Virus

v (gesprochen wie *f*)		v (gesprochen wie *w*)	

3 Bilde mit den Vorsilben *ver-* und *vor-* bzw. mit *voll-* und *viel-* und den Wörtern aus dem Speicher sinnvolle Sätze.

-lust	-sagen	-läufig
-leicht	-seitig	-dampf
-führen	-sammlung	-bringen
-wertkost	-bessern	-fraß
-endung	-falt	-kaufen

4 Wörter wie

Grammo<u>ph</u>on Orthogra<u>ph</u>ie Paragra<u>ph</u> Geogra<u>ph</u>ie Mega<u>ph</u>on Saxo<u>ph</u>on

stammen aus dem Altgriechischen, sind aber mittlerweile fester Bestandteil der deutschen Sprache geworden. Deshalb darfst du sie jetzt auch mit *f* schreiben, also

Grammo<u>f</u>on Orthogra<u>f</u>ie Paragra<u>f</u> Geogra<u>f</u>ie Mega<u>f</u>on Saxo<u>f</u>on

Bilde Sätze mit diesen Wörtern. Entscheide dich dabei für eine Schreibweise.

5 Der Doppelbuchstabe pf steht für einen besonderen Laut. Trage zuerst alle Wörter mit pf in die richtige Spalte ein, danach die Wörter mit dem f-Laut (teils durch den Buchstaben f, teils durch den Buchstaben v wiedergegeben).

Genitiv – Delfin – Evangelium – Pfanne – elf – Pfad – reif – Vers – Mikrofon – Pferd – fähig – vergeblich – Pfund – Kupfer – Fink – Fackel – Kefir – Larve

pf	f	v

6 Durch das Umstellen der Buchstaben entstehen sinnvolle Wörter. Schreibe sie daneben.

anPfd Pfand ____________ aKmfp ____________

Pfnnae ____________ kolpfne ____________

Dpfam ____________ Kerupf ____________

tPfore ____________ Spfmu ____________

Pfffeer ____________ Pfda ____________

7 Setze die Wörter des Wortspeichers in die Lücken, sodass ein sinnvoller Text entsteht.

verschiedenen unzufrieden erwartungsvoll Pfeife fröhlich Sumpf Tief pfiff Feld verspeiste frei Tiefe Frühjahr Versteck fraß fühlte Sauerampferwurzeln Buchfink

Die v____________ Regenwürmer *frei nach Franz Hohler*

T__________ unter einem F__________ lebten einmal zwei Regenwürmer und ernährten sich von S______________________. Eines Tages im F______________ sagte der erste Regenwurm:„Ich bin u____________________ mit diesem Leben in dieser T______________. Ich will eine Reise machen und die Welt kennen lernen. Er packte seine P____________ ein und bohrte sich e____________________ nach oben, und als er die Wärme der Sonne f__________ und hörte, wie der Wind durch das Feld p______________, fühlte er sich f____________ und er schlängelte sich f____________________ zwischen den Stängeln durch. Doch kaum war er bis zum S__________ gekommen, da entdeckte ihn ein B____________________ und f__________ ihn auf. Der zweite Regenwurm blieb immer in seinem V______________, v______________ jeden Tag Sauerampfer und blieb die längste Zeit am Leben. Aber sagt selbst - ist das ein Leben?

[*nach: Franz Hohler, Die ungleichen Regenwürmer, aus: Die Blumen des Blinden, München 1983*]

8 Nachdem ihr die Lücken ausgefüllt und die Ergebnisse verglichen habt, könnt ihr den Text als Vorlage für ein **Selbst- oder Partnerdiktat** nutzen.

6. X, KS, CKS oder CHS?

(110)

1 In den folgenden Buchstabenreihen verbergen sich Wörter mit *x* und *chs*. Schreibe sie heraus.

FFF**EXPRESSGUT** Expressgut

DDDDDEXAMEND ____________

KKKKKKWECHSEL ____________

PPPPPPACHSELP ____________

EEGEWÄCHSEEE ____________

SSDRECHSLERSS ____________

MMMNIXEMMMM ____________

LEXIKONGGGGG ____________

LLLBOXENLLLL ____________

CCCCCPRAXISC ____________

TDEICHSELTTT ____________

2 Leite neue Wörter von den Beispielwörtern ab und verwende sie in einem Satz.

Knacks: ____________

Klecks: ____________

Knicks: ____________

hinterrücks: ____________

Geschmacksurteil: ____________

Glücksbringer: Die Fee schenkte ihr ein Glück bringendes Amulett.

3 Nur wenige Wörter werden mit *-ks* geschrieben. Ordne sie den Abbildungen zu.

Diese ____________ sind besonders gut.

Hier muss man nach ____________ abbiegen.

4 Ordne die Wörter des Speichers in die unten stehende Tabelle ein.

Wechsel Kuckucksuhr Kekse wachsen Mixer Füchse Achse Textbuch sechs Ochse Farbklecks Taxi Wachs Volkswagen explodieren Tanks Glücksbringer links Arztpraxis

x	ks	cks	chs

5 Fülle die Lücken mit *x*, *chs*, *cks* oder *ks*.

Im Gewä ___ haus

Christiane und Celia wollen sich am Nachmittag das Gewä _____ haus ansehen, in dem besonders außergewöhnliche Pflanzen zu entdecken sind. Schnurstra _____ gehen sie nach der Schule in das Glashaus, wo diese Pflanzen wa _____ en. Die Luft dort ist so feucht, dass die beiden Schülerinnen glauben in den Tropen zu sein. Aufmer ____ am schauen sie sich die seltenen Pflanzen an. Doch dann entdecken sie plötzlich noch ein anderes Gebäude, in dem neuerdings auch seltene Tiere aus heißen Ländern gezeigt werden.

Riesige Eide ______ en sind dort zu sehen, Salamander mit Flecken auf dem Rücken, die wie Farbkle____e aussehen; andere Eide ____ en, die nur schwer zwischen den Bäumen zu erkennen sind, weil ihre Haut wa ____ artig glänzt. Die ausgewa ____ enen Riesenschlangen räkeln sich hinter den dicken Glasscheiben. Lange beobachten Christiane und Celia, wie sie gefüttert werden. Ein wenig Angst einflößend ist es schon, wenn diese Tiere lebendige Mäuse verschlingen.

6 Nachdem ihr die Lücken ausgefüllt und die Ergebnisse verglichen habt, könnt ihr den Text als Vorlage für ein **Selbst- oder Partnerdiktat** benutzen.

1. Lange Vokale

1.1 Du kennst sicher die Geschichte vom neuen Rathaus in Schilda: Es hatte keine Fenster. Woher sollten die Schildbürger nun aber Licht bekommen?
„Wenn kein Licht freiwillig in den <u>Saal</u> <u>geht</u>, dann müssen wir es eben hineintragen“, <u>schlug</u> der <u>Lehrer</u> vor. <u>Diese</u> <u>Idee</u> wurde mit einem stürmischen Beifall belohnt. Am nächsten <u>Tage</u>, nachdem der <u>Hahn</u> gekräht hatte, versammelte sich ganz Schilda auf dem Marktplatz. Als die <u>Uhr</u> <u>sieben</u> schlug, machten sich alle wie Ameisen ans Werk.
[*alle Schilda-Texte nach: Josef Hirsal, Jiri Kolar, Geschichten aus Schilda, Prag 1961*]

(49–67)

Man unterscheidet zwischen lang (Rabe) und kurz (Ratte) gesprochenen Vokalen. Aus der Tabelle kannst du ersehen, dass es vier Möglichkeiten gibt einen langen, gedehnten Vokal in der Schrift wiederzugeben.

1 Trage alle unterstrichenen Wörter mit langem Vokal (Text 1) in die entsprechenden Spalten der Tabelle ein. Natürlich enthalten manche von diesen Wörtern auch noch einen kurzen Vokal; das soll hier aber unbeachtet bleiben.

ohne Dehnungszeichen	mit *h* als Dehnungszeichen	mit Vokalverdoppelung	mit *ie*
R<u>o</u>se	<u>Eh</u>re	M<u>oo</u>s	Sp<u>ie</u>l

2 In diesem Wortsalat haben alle Wörter bis auf vier einen gedehnten Vokal. Trage sie in die entsprechenden Spalten ein.

Ruhm Blut Zwiebel Bier Aal Boot Tiere Wachtel Bahre siegen Deckel Blume Sippe Jahr Moor Schnee Kran Kinder Vogel Wiese Waage Maler Rahmen

ohne Dehnungszeichen	mit *h* als Dehnungszeichen	mit Vokalverdoppelung	mit *ie*

3 Sortiere die Wörter: Wörter mit langem Vokal kommen nach rechts, Wörter mit kurzem Vokal gehören nach links.

Segen Rose sagen Dose Ruder Karte Mast Hand Schatten Degen Bruder Wald ragen

4 Einige der Wörter mit gedehntem Vokal **ohne Dehnungszeichen** aus Aufgabe 3 reimen sich. Ordne sie untereinander den Vokalen zu.

a	*e*	*o*	*u*

5 Suche nach weiteren Wörtern, die zu diesen Reimen passen, und trage sie in die richtigen Spalten ein.

6 Alle Lösungswörter dieses Silbenrätsels haben einen gedehnten Vokal mit *h* als Dehnungszeichen.

1. Sitzgelegenheit, mehrere davon (Plural) __________
2. Zeitmessgeräte __________
3. „Schwarzes Gold"; wird zum Heizen genutzt __________
4. Handwerker und Zahnärzte benutzen ihn __________
5. Die mahlt das Korn __________
6. Menschen, die in der Schule arbeiten __________

Boh - Müh - Uh - Koh - le - le - Leh - rer - rer - ren - le - Stüh

7 Unterstreiche alle Wörter mit Dehnungs-*h* und schreibe sie heraus.

Ohne lange auszuruhen begannen die Schildbürger Licht einzufangen. Was für ein Verkehr herrschte auf dem Marktplatz! Eine Anzahl von Leuten hatte Säcke mitgebracht und hielt sie weit geöffnet in die Höhe. Dann banden sie sie schnell mit einem Draht zu, damit das Licht nicht wieder entschlüpfe.

____

____

8 Ergänze die Verbformen und achte dabei auf die Schreibweise.

nähen:	Der Schneider **näht** ein Kleid.
gehen:	Die Frau __________ über die Straße.
erspähen:	Der Jäger __________ einen Hirsch.
flehen:	Der geschlagene Ritter __________ um Gnade.
nahen:	Auf der Straße __________ ein Auto.

9 Diktiere dir den folgenden Text selber, indem du immer nur bis zum jeweiligen Strich liest und diesen Abschnitt dann auswendig in dein Heft schreibst. Wenn du den ganzen Text in dieser Art hingeschrieben hast, vergleiche deinen Text mit der Vorlage und streiche alle Fehler an.

Alle waren mit glühendem Eifer dabei / Licht in die mitgebrachten Gefäße zu packen. / Eine Reihe von Bürgern / hatte Stühle mitgebracht, auf denen sie stehend versuchten / besonders helles Licht einzufangen. / Andere schöpften das Licht in Krüge, / Schüsseln und Töpfe / und prahlten vor den Übrigen, / wenn sie meinten / besonders viel Licht eingefangen zu haben. / Fröhlich trugen sie ihre Beute zum Rathaus, / wo sie ihre Gefäße ausleerten. / In ihrem Wahn sahen sie nicht, / dass all ihre Mühe umsonst war. /

____

____

____

____

____

____

____

____

____

____

Berichtige die Fehler, indem du neue, richtige Sätze mit dem zuvor falsch geschriebenen Wort bildest.

10 Unterstreiche alle Wörter aus dem Text, in denen ein Dehnungs-*h* vorkommt und schreibe sie heraus.

____________________ ____________________

____________________ ____________________

____________________ ____________________

____________________ ____________________

(49, 55, 60)

a, *o*, *e* werden manchmal verdoppelt, wenn sie lang gesprochen werden (z.B. Haar, Boot, Meer).

11 Setze die fehlenden Doppelvokale ein.

S			l
			r

						A	
H	i	m	b			r	e
S	t			t		m	
T			r				

12 Schreibe auf, was du auf den Bildern erkennen kannst.

13 Hier habt ihr wieder die Möglichkeit zum **Partnerdiktat**. Achtet dabei auf die Vokalverdoppelungen.

In ihrem Eifer hatten die Schildbürger nicht den Soldaten außer Dienst gesehen, der, mit einem Speer in der Hand, die Allee entlanggekommen war. Er wunderte sich, dass die Einwohner offenbar leere Gefäße entleerten, doch dann begriff er. Er hatte eine Idee. Würdig schritt er mitten auf den Marktplatz, wobei er sich gekonnt über die Haare strich. Er stellte sich als Meister im Beschaffen von Licht vor, der extra mit seinem Boot über das Meer gefahren sei um der Stadt Schilda zu helfen.

14 Diktiert euch den folgenden Text gegenseitig. Achtet dabei besonders auf die Wörter mit einer Vokalverdoppelung oder mit einem Dehnungs-h.

Ehrfurchtsvoll machten ein paar Bürger dem Fremden Platz. „Ein Fachmann im Einführen von Licht in Rathäusern!“, flüsterten sie sich zu und sahen dabei nicht, dass dieser Mann ein Soldat in der Armee gewesen war. Fast schneller, als ein Floh zum Sprung braucht, versprachen sie ihm einen guten Lohn, wenn er ihnen in den Saal Licht bringen könnte. Alle waren froh, als er zusagte schon am nächsten Morgen nach dem Frühstück ans Werk zu gehen. Jeder sehnte sich danach mit diesem Gelehrten zu sprechen. Überall wurde ihm ein Mittagsmahl angeboten. Mit einem Wort: Dem Schelm fehlte nichts, er war mit Leib und Seele zufrieden.

15 Alle Wörter in diesem Kreuzworträtsel werden mit *ie* geschrieben.

1. wird in Fernsehzeitschriften mit „Wdhg“ abgekürzt.
2. Gegenteil von Krieg
3. besichtigt man im Zoo
4. die Klangfolge eines Liedes
5. Einem Geburtstagskind Glückwünsche sagen
6. ein Insekt
7. Leitung eines Staates
8. anderes Wort für „Verschönerung“
9. Gegenteil von „Verlierer“
10. Gegenteil von „Zwerg“
11. Spitze eines Daches
12. Tätigkeit eines Orchesterleiters
13. Gartenfrucht; beim Schälen muss man weinen
14. reimt sich auf Hiebe und Triebe

Alle Wörter auf *-ine* werden mit einem einfachen *i* geschrieben, außer *Schiene*, *Biene* und *Miene*.

16 Bringe die Buchstaben wieder in die richtige Reihenfolge.

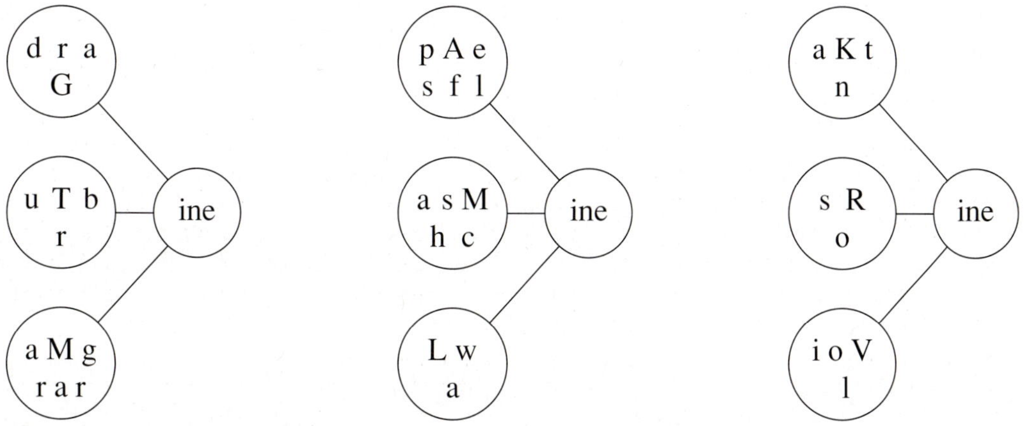

17 Setze in den Lücken die Silben und Wortteile aus dem Speicher wieder richtig zusammen. In alle Lücken kommen Wörter mit *ie* oder einem einfachen langen *i*.

ben - der - gen - han - Mie - ne - ne - ri - Rou - schwie - sie - stieg - te - ti - tier - viel - vier - wie

Am Morgen um s_______ Uhr waren an die v______ tausend Bürger herbeigeeilt um dem Meister aus dem fremden Land bei seiner sch__________ Aufgabe zuzusehen. Mit v_______ R_________ lehnte der Fremde die Leiter an und s_______ auf das Dach des Hauses. Dort h_______ er ein Weilchen herum, dann kletterte er langsam mit gewichtiger M_________ w________ herunter.

18 Fülle die Lücken aus. Der Speicher ist für dich eine Hilfe.

Aus - big - dee - gie - gra - I - lier - mand - nen - nie - Rie - Ro - Saal - si - sig - ten - tu

R_______ war die Begeisterung, als man in den lichtdurchfluteten S______ trat. A_____________ gr______________ die Bürger dem Meister des Lichts. Da aber n_____________ von ihnen viele R_________ im Kopf hatte, kam keiner auf die I_______ sich über das Loch zu wundern, das über ihren Köpfen im Dach eingeschlagen worden war.

19 In diesem abschließenden Partnerdiktat könnt ihr nochmal alle Dehnungsformen anwenden.

1.2 Keiner machte sich Gedanken darüber, was zum Beispiel bei einem Schneegestöber passieren würde. In fiebriger Eile räumten sie die herumliegenden Dachziegel weg und hielten anschließend die erste Ratssitzung ab zu Ehren ihres gepriesenen Retters.

Während sie noch darüber beratschlagten, wie sie ihn noch reicher belohnen könnten für seine beispiellose Tat, packte der Soldat heimlich seine sieben Sachen und schlich sich wie ein Dieb aus dem Saal. Fröhlich pfeifend lief er zu der nahen Allee und wurde nie wieder gesehen.

2. Kurze Vokale

Oft wird der auf einen betonten kurzen Vokal folgende Konsonant verdoppelt. (76, 77)

1 Schreibe die achtzehn Wörter heraus, bei denen auf einen kurzen Vokal ein Doppelkonsonant folgt.

2.1 Die Ratsherren von Schilda bemühten sich auch weiterhin wie brave Männer um das Gedeihen der Stadt. Dabei fiel ihnen die Gemeindewiese ins Auge, die nichts eintrug und seelenruhig brachlag. Und weil sie stets darauf bedacht waren beizeiten für schlimme Tage vorzusorgen, wurde beschlossen, die Gemeinde solle sich um dieses unbebaute Feld kümmern und es besäen, damit die Bürger in Zeiten der Not nicht am Hungertuch nagen müssten. Was aber auf dem Feld anbauen? Da war wirklich guter Rat teuer! Getreide war eine viel zu gewöhnliche Sache und ohnehin überall zu haben. Man musste schon auf etwas Ausgefalleneres kommen. Trotz allen Grübelns konnten sie lange nichts finden, bis sich der Bürgermeister an seine kluge Frau erinnerte, die sich immer wieder beklagte, dass ihr das Salz ausgegangen sei und sie es so teuer kaufen müsse. Der Rat war starr vor Staunen über diese geniale Idee Salz anzubauen.

______________ ______________ ______________
______________ ______________ ______________
______________ ______________ ______________
______________ ______________ ______________
______________ ______________ ______________
______________ ______________ ______________

2 Bilde aus diesem Buchstabensalat zu jedem Doppelkonsonanten ein Wort.

So	e	bu	e	Wa	A	e	Fla	el	Kra	en	Su	e	Wo	e	Sa	eln	Ro	e er

___ ___ nn ___ ___ ___ ss ___ ___

___ ___ ___ mm ___ ___ ___ dd ___ ___ ___

___ ___ tt ___ ___ ___ ff ___

___ ___ pp ___ ___ ___ ___ bb ___

___ ___ gg ___ ___ ___ ___ ll ___

3 In jedem Satz ist ein Wort mit langem Vokal versteckt, das man leicht verwandeln kann. Ersetze den langen Vokal durch einen kurzen Vokal mit einem Doppelkonsonanten und trage dieses neue Wort in die Lücke ein.

Der **Kahn** kann segeln.

Das Auto des Pf__________ wird von einem **Fahrer** gelenkt.

Zum **Wohle** der Menschen wächst den Schafen W__________.

Das Gestänge im Pferde_________ ist aus **Stahl**.

Die Polizei konnte den Dieb beim **Stehlen** __________.

(82)

> Zwei verschiedene Konsonanten, die direkt auf einen kurzen Vokal folgen, nennt man **Konsonantenfolge** (auch Konsonantenhäufung genannt). Wenn nach einem kurzen Vokal eine **Konsonantenfolge** steht, so wird der Konsonant unmittelbar nach dem kurzen Vokal meistens nicht verdoppelt.

4 Schreibe alle acht Wörter mit kurzem Vokal vor einer Konsonantenfolge heraus.

> Falke Hagel rund Tempel Klavier Kiefer Karte munter warten Ruder Winkel Schule Korb Boot Hupe

__________ __________ __________ __________

__________ __________ __________ __________

5 Ersetze die durchgestrichenen Vokale entweder durch *t* oder *d*, sodass du ein Wort mit einem kurzen Vokal vor einer Konsonantenfolge bekommst. Schreibe das neue Wort auf, doch Vorsicht, bei Konsonantenfolge darf es hier keine Doppelkonsonanten geben!

Wann~~e~~ → [Wand]

Mass~~e~~ → __________	Rinn~~e~~ → __________
Gass~~e~~ → __________	all~~e~~ → __________
Pfann~~e~~ → __________	Lass~~e~~ → __________

6 Unterstreiche in dem folgenden Text alle Wörter mit kurzem Vokal und trage sie entsprechend in die Tabelle ein.

2.2 Der ganze Rat stimmte der Idee mit gehobener Hand zu. Am Morgen strömten die Leute in hellen Haufen hinaus vor die Stadt und begannen mit dem Bebauen des Feldes. Die Wiese wurde gut gedüngt und bewässert und das wertvolle Salz reichlich gesät. Danach blieb ganz Schilda nichts mehr übrig als voll Spannung darauf zu warten, dass das Salz auch gut Wurzeln fassen werde.

kurzer Vokal mit Doppelkonsonant	kurzer Vokal mit Konsonantenfolge

7 Beim Kopieren des linken Bildes sind zehn Fehler passiert. Die Wörter, mit denen diese zehn vergessenen Gegenstände bezeichnet werden, enthalten entweder einen kurzen Vokal mit einem Doppelkonsonanten oder einen kurzen Vokal mit Konsonantenfolge.

kurzer Vokal mit Doppelkonsonant	kurzer Vokal mit Konsonantenfolge

8 Je zwei der Zeichnungen in einer Zeile stellen ein Wort dar, das mit einem kurzen Vokal gesprochen wird. Finde diese Wörter und schreibe sie auf.

1) ____________________

2) ____________________

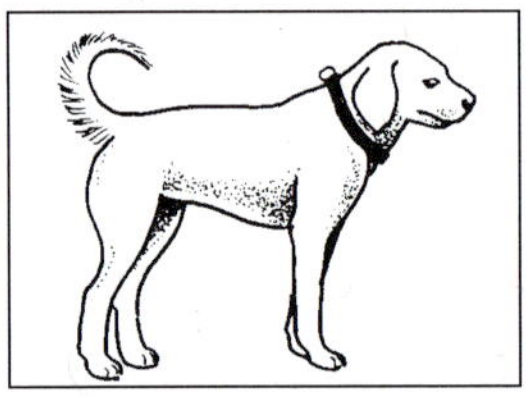  

1) ____________________

2) ____________________

1) ____________________

2) ____________________

 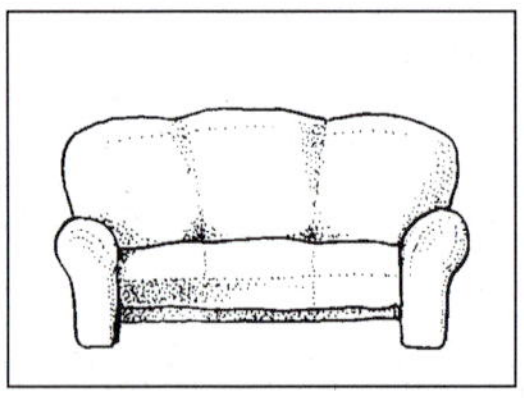 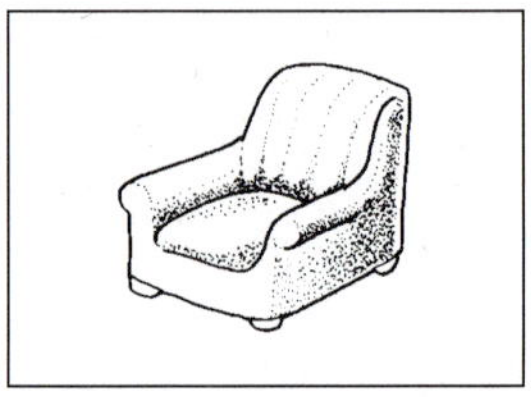

1) ____________________

2) ____________________

9 Die fehlenden Wörter mit kurzem Vokal sind in der Silbensammlung versteckt.

babeganngehatkostlanrestellteten

Sie mussten nicht _ _ _ _ _ warten. Es kam ein Segen bringender Regen und das Salz _ _ _ _ _ _ winzige grüne Schösslinge zu treiben. Um die _ _ _ _ _ _ _ _ Saat zu schützen _ _ _ _ _ _ _ _ sie an jeder Ecke des Feldes einen Wächter auf, der das Wild zu verjagen und die Vögel zu vertreiben _ _ _ _ _, damit das Saatfeld nicht zu Schaden käme.

10 Setze die Lösungswörter in den Text. Alle diese Wörter schreibt man mit einem kurzen Vokal.

Bei jedem _____________ (1) pilgerten lange Züge von _____________ (2) zu dem _____________ (3) und je mehr Unkraut, Disteln, _____________ (4) und Löwenzahn auf dem _____________ (5) wuchsen, desto mehr freuten sie sich, dass ihr Salz so schön in die Halme schoss und für den _____________ (6) eine um so größere _____________ (7) versprach.

1. anderes Wort für „Klima"
2. Einwohner einer Stadt
3. Ort, auf dem Getreide angebaut wird
4. Unkraut, das Juckreiz und Brennen verursacht
5. Gegenteil von „Meer"
6. Jahreszeit
7. Ertrag des Bauern

Ein Doppelkonsonant innerhalb einer Konsonantenfolge kommt nur bei solchen Wörtern vor, die sich von einem Infinitiv ableiten, der einen Doppelkonsonanten hat. (83, 84)
Beispiel: ho**ff**te < ho**ff**en; Ho**ff**nung < ho**ff**en

11 Bilde zu folgenden Infinitiven die angegebenen Formen.

summen	(1. Pl. Ind. Prt.)	=	_____________
kämmen	(3. Pl. Ind. Prt.)	=	_____________
sammeln	(1. Sg. Ind. Prt.)	=	_____________
sollen	(2. Sg. Ind. Prt.)	=	_____________
können	(3. Sg. Ind. Prt.)	=	_____________
rennen	(1. Sg. Ind. Prt.)	=	_____________

12 In den folgenden Sätzen sind die fehlenden Wörter Substantive (Nomen), die sich von den angegebenen Infinitiven ableiten.

Ein __________________ lag am Strand und sonnte sich.
(schwimmen)

Auf einer einsamen Insel lebte ein __________________ .
(verbannen)

Im Kino traf ich einen Be __________________ .
(kennen)

__________________ gehören zu den Delfinen.
(tümmeln)

Im Restaurant bekamen wir nur __________________ .
(verbrennen)

13 Hier geht die Geschichte vom Salzfeld weiter. Die fehlenden Wörter sind Ableitungen von den angegebenen Infinitiven.

Der Klavier __________________ von Schilda war sehr geizig. Er __________________ es nicht
(stimmen) (können)

übers Herz bringen, das Schwein, das er schlachten __________________ , in teures Salz einzulegen.
(wollen)

So __________________ er heimlich das Schwein auf das Salzfeld und __________________ , dass
(schaffen) (hoffen)

sich so das Schweinefleisch selbst einsalzen würde.

14 Suche dir acht der Verben auf dieser Seite aus. Bilde mit ihnen Sätze, in denen du sie als Substantive (Nomen) verwendest.

____

____

____

____

____

____

____

____

____

____

Einen Doppelkonsonanten kann es natürlich auch dann in einer Konsonantenfolge geben, wenn zwei Wörter zu einem werden. (83)
Beispiel: der Damm + der Bruch → der D**amm**b**ruch**

15 Bilde aus den Wörtern der beiden Wortmengen möglichst viele zusammengesetzte Wörter und unterstreiche sie, wenn in ihnen ein Doppelkonsonant innerhalb einer Konsonantenfolge vorkommt.

Geschirr Renn Schiff Stamm voll Lamm	Braten Spieler ständig Schrank Fleisch Stall Pferd Bruch

______________ ______________ ______________

______________ ______________ ______________

______________ ______________ ______________

16 Hier kannst du das Gleiche noch einmal üben.

Müll Watt Treff Schnitt Ball	Punkt Berg Wanderung Menge Netz Spiel Tonne

______________ ______________ ______________

______________ ______________ ______________

______________ ______________ ______________

17 Unterstreiche die Wörter im Text, in denen ein Doppelkonsonant innerhalb einer Konsonantenfolge vorkommt. Achtung: auch *Sonntag* (Sonne + Tag) ist ein solches Wort!

2.3 Am Mittwoch in aller Frühe trieb der Klavierstimmer also sein Schwein auf die Salzwiese und nahm noch einen Korb mit, denn er wollte sich einen Vorrat von Salz für den häuslichen Gebrauch pflücken. Er hatte aber sein Schnittmesser vergessen und so brannten seine Hände wie Feuer und sein Ellbogen juckte, als hätte er in ein Wespennest gegriffen, während er all die Brennnesseln pflückte.

18 Hier verstecken sich jeweils Wörter mit einem kurzen Vokal.

Als er das letzte Bündel herausgerupft hatte, hörte er hinter sich die ____________ (tiSmem) des Bürgermeisters, der jeden Tag außer ______________ (nonsgtas) sein _____________ (iZmemr) verließ um das Feld zu besichtigen.

Der Klavierstimmer _____________ (ppketla) zusammen wie ein Taschenmesser und wusste nichts Klügeres anzufangen als die eben ausgerissenen Brennnesseln in den Mund zu stopfen, denn der Bürgermeister _____________ (esltol) nicht merken, dass er gestohlen hatte. Weiß Gott, was ihm da eingefallen war! Die Augen fielen ihm beinahe aus den Höhlen, seine ____________ (Aemr) fuhren in die Höhe, er spuckte nach allen Seiten, ______________ (ntnare) vom Felde weg, dass er sich fast die Beine verrenkte, und kreischte wie ein _________ (fAfe).

19 Jetzt noch ein abschließendes Partnerdiktat:

2.4 Der Bürgermeister blieb eine Weile wie angewurzelt stehen, dann nahm er seine Lupe und besah sich die Pflanzen. Fröhlich lief er in die Stadt und verkündete, dass das Salz geerntet werden könnte. Kaum hatten sie am Donnerstag mit der Ernte begonnen, mussten sie auch schon wieder aufhören.

____

____

____

____

____

____

Es war nicht auszuhalten. Das Salz brannte wie Rattengift und Feuer zusammengenommen. Jetzt waren sie mit ihrem Verstand am Ende. Sensen kannten sie nicht und mit bloßen Händen eine so reiche Ernte an Brennnesseln und Disteln pflücken, das wollte keiner.

____

____

____

____

____

____

1. ÄU oder EU?

Durch das **Ableitungsverfahren** kannst du fast immer herausbekommen, ob ein Wort mit *äu* oder *eu* geschrieben wird. Mit *äu* werden die Wörter geschrieben, die von einem Wort mit *au* abstammen (z. B. räumen < Raum). (46, 71)

1 Wende die Ableitungsregel bei folgenden Wörtern an:

schäumen, verträumt, Bräutigam, äußerlich, Fäulnis, geräumig, Fräulein, bläulich

schäumen ← Schaum ______ ← ______

______ ← ______ ______ ← ______

______ ← ______ ______ ← ______

______ ← ______ ______ ← ______

2 Wenn du die Scheiben bei diesem Wortspiel in Gedanken verdrehst, dann ergeben sich Wörter mit *äu* oder *eu*. Bevor du diese Wörter unten aufschreibst, überprüfe erst durch das Ableitungsverfahren die Schreibweise. Wenn es kein Stammwort mit *au* gibt, schreibt man das Wort mit *eu*.

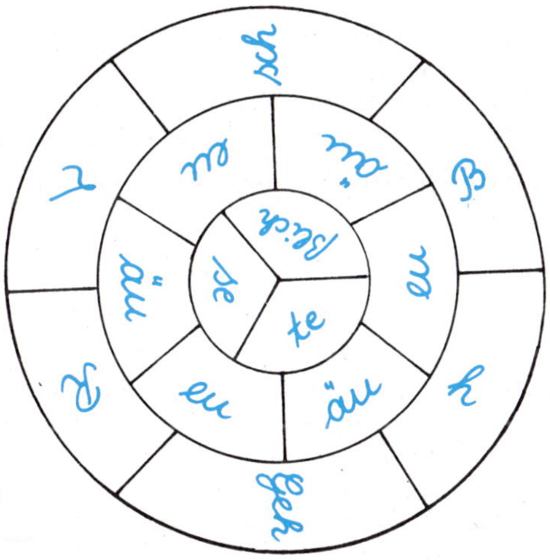

R-eu-se

______

______

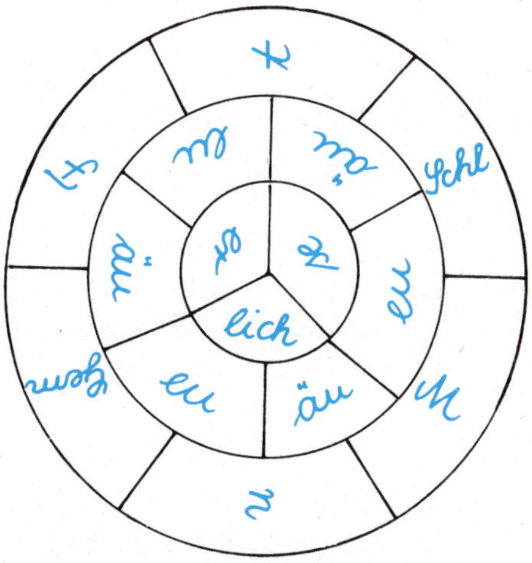

______

______

______

3 Setze *äu* und *eu* ein.

Die Schildbürger hatten das Licht spendende Loch in der Decke t_____ er bezahlt. Im Sommer, während die B____ me blühten, merkten sie noch nichts. Alle strichen sich zufrieden über ihre dicken B____ che. Im Herbst aber, als das H____ eingefahren war und der erste Regen einsetzte, da merkten sie, dass der Inhalt ihrer B____ tel die B____ te eines gerissenen Schalks geworden war; er hatte sie alle get____ scht.

4 Hier kannst du wieder einmal Lehrer spielen. Unterstreiche alle falsch geschriebenen Wörter und bilde mit ihnen in der richtigen Schreibweise je einen neuen Satz.

Der Regen strömte nur so ins Rathaus. Das Loch im Dach musste ausgebessert werden. Aber man stelle sich die Entteuschung vor, als es nun im Gebeude genauso finster war wie zuvor. Mit hellem Geläut der Glocken rief der Bürgermeister seine Ratsläute zusammen. Da saßen sie nun in dem gereumigen Saal mit ihren Fackeln, deren Fäuerschein auf die Gemeuer lange Schatten warf.

____

____

____

____

____

____

5 Noch einmal!

Während sie noch über das Problem nachdachten und von den schönen Zeiten treumten, als sie noch von Licht umgeben waren, da musste der Bürgermeister aufgrund der verreucherten Luft niesen. „Ratsdiener, siehst du denn nicht, der Bürgermeister braucht frische Luft. Schnell, lauf und mach ein Fenster auf!" Da kam ihnen allen wie ein Blitz die ungehäure Erkenntnis, dass es im Gebeude keine Fenster gab. Eine Minute herrschte Grabesstille, dann erhoben sich alle fräudig von ihren Sitzen und ein jeder machte sich sogleich daran sich ein eigenes Fenster in die Wand zu brechen.

____

____

____

____

____

2. AI oder EI?

Da man weder die Schreibweise *ai* noch die Schreibweise *ei* ableiten kann, muss man sich die Schreibung mit *ai* einprägen. Zum Glück gibt es nur sehr wenige Wörter mit *ai*. (69)

1 Zehn von ihnen sind im folgenden Kreuzworträtsel versteckt.

1. Wand im Hafen
2. ein Herrscher, höher als ein König
3. Teil einer Geige
4. Kind ohne Eltern
5. Gegenteil von Fachmann
6. ein ganzes Brot
7. ein starker Wind
8. ein Gemüse in Kolbenform
9. der fünfte Monat
10. ein Raubfisch

Außer den zehn Wörtern aus dem Kreuzworträtsel werden nur noch drei weitere mit *ai* geschrieben. Hain (kleines Wäldchen), Laich (Fischeier) und Maid (Mädchen).

2 Bilde mit jedem dieser drei Wörter einen sinnvollen Satz.

____

____

____

3 Schreibe alle dreizehn Wörter mit *ai* noch einmal in der alphabetischen Reihenfolge auf.

____

____

____

(70) Um gleich klingende Wörter unterscheiden zu können gibt es bei einigen von ihnen eine verschiedene Schreibweise.

4 Bilde zu jedem dieser Wörter einen Satz.

Leib (= Körper): ______________________________

____

Laib (= Brot): ______________________________

____

Seite (= Teil eines Buches): ______________________________

____

Saite (= Teil eines Musikinstrumentes): ______________________________

____

Weise (= Art und Weise): ______________________________

____

Waise (= Kind ohne Eltern): ______________________________

____

5 Hier kannst du alle Diphthonge noch einmal üben.

___ ßerlich sah das neue Geb ___ de jetzt wie ein Emmentaler Käse aus. Doch die L ___ te in der Stadt empfanden diese Fassade als höchst bed ___ tsam. In ganz ___ ropa, da konnten sie sicher s ___ n, gab es k ___ n derart ungeh ___ erliches Haus, dessen S ___ ten derart durchlöchert waren. In der kalten Z ___ t h ___ lte zwar ein schn ___ diger Wind durch die Fenster, doch f ___ n gewebte Vorhänge aus L ___ nen sollten hier Abhilfe l ___ sten. H ___ fig standen die stolzen Bürger vor ihrem n ___ en Rathaus und meinten, dass selbst der K ___ ser sich kein schöneres Geb ___ de wünschen könnte.

S. 3, A. 1:

Brille, **P**latz, Brot, **pr**ächtig, Brand, Blinker, Blitz, Brezel, brauchen, Blut, **pl**ötzlich, breit, **P**robe, **P**latte.

LÖSUNGSWORT: PRIMA

S. 3, A. 2:

geprobt-	(← proben)
geerbt	(← erben)
lobte	(← loben)
geschrieben	(← schreiben)
hebst	(← heben)
klebten	(← kleben)
gesiebt	(← sieben)
abgestaubt	(← abstauben)
bleibt	(← bleiben)

S. 4, A. 3:

Lob	→ loben
Stab	→ Stäbe
Korb	→ Körbe
halb	→ halbieren
Laub	→ entlauben
Raub	→ rauben
Betrieb	→ betreiben
grob	→ gröber

S. 4, A. 4:

Abschied – Erlaubnis – Erlebnis – Häuptling – Herbst – hübsch – Lebkuchen – Rollmops – selbstverständlich

S. 4, A. 5:

Erbse – Knorpel – Krebs – Lämpchen – Obst – Schlips – siebzig – Stempel – Webstuhl

S. 5, A. 1:

Geduld – Mädchen – Ernte – Ordnung – nirgends – gescheit – Taler – Zukunft – dringend – Fruchtsaft – Rotstift – Adel

S. 5, A. 2:

bedeutend	→	bedeutende
Abschied	→	Abschiede
Neid	→	beneiden
Abend	→	Abende
rund	→	runden
Rad	→	Räder
Strand	→	Strände
mild	→	milde
Flucht	→	Fluchten/flüchten
Freund	→	Freunde/Freundin
Sand	→	sanden
Rad	→	Räder
Wald	→	Wälder
Gewalt	→	Gewalten/gewaltig
Schuld	→	Schulden
Dutzend	→	Dutzende
Arbeit	→	Arbeiten

S. 5, A. 3:

unendlich	entfesseln
Entspannung	Endstation
entgleisen	Wochenendhaus
entfärben	entzweien
Endsumme	endlos
endgültig	

S. 6, A. 4:

auffallen: ein auffallender Mann
der auffallendste Mann

erfrischen: ein erfrischendes Getränk
das erfrischendste Getränk

überzeugend: ein überzeugender Beweis
der überzeugendste Beweis

strahlen: ein strahlendes Kind
das strahlendste Kind

anstrengen: eine anstrengende Schulwoche
die anstrengendste Schulwoche

S. 6, A. 5:

Erdteil	←	erden	stündlich	←	Stunde
Reitpferd	←	reiten	wertvoll	←	(be)werten
Kundschaft	←	Kunde	Bildnis	←	bilden
friedlich	←	Frieden	Gesundheit	←	gesunden
Randstein	←	Ränder			

S. 6, A. 6:

Gaststätte	Industriestadt
Stadtmauer	Stadtteil
Stadttheater	Stadtplan
Ruhestatt	

S. 7, A. 7:

-and: Versand – Versandhaus
Gewand
(der) Verband – (ich) verband

-end: (ich) sendete – Absender – versenden
wenden

-andt: Verwandtschaft – verwandt – Verwandte
Gesandtschaft – (ich) sandte – gesandt
Gewandtheit – gewandt

S. 7, A. 8:

Ländern – feindlichen – Feldherren – erkunden – Nachbarland – eindringen – Kundschafter – Stadt - andere – Land – werden – dort – wunderschöne – Gewänder – schneidern – gesandt – hielten

Lösungen

S. 7, A. 9:

Nachricht – wurden – Freunde – Verwandte – anderen – Land – Frieden – Kind – Garten – andere – Land – Feindesland – eindringt – Tochter – Garten – Grundstück – zertrampeln – Feldherren – fand – statt – wird

S. 8, A. 1:

Gruß – **k**rank – Gräte – grinsen – Glas – **K**reide – Gnade – Grund – **K**rach – **K**rug – Grammatik – **K**ragen – Glauben – **K**rampf – **k**riechen

LÖSUNGSWORT: KNOSPEN

S. 8, A. 2:

liegt ← liegen
beklagte ← beklagen
borgte ← borgen
gesiegt ← siegen
trug ← tragen

S. 8, A. 3:

Flug → Flüge, fliegen
Betrug → betrügen
Berg → Berge, bergen
Sieg → Siege, siegen
Rundfunk → funken
Spuk → (es) spukt, spuken
Zank → zanken
Werk → Werke, werken
Gestank → stinken
Park → Parks, parken

S. 9, A. 4:

Schlagsahne ← schlagen
Waagschale ← wiegen
Bergtour ← Berge
Lenkrad ← lenken
Wegweiser ← Wege
Blinklicht ← blinken
Flughafen ← fliegen
Anfangsbuchstabe ← anfangen

S. 9, A. 5:

Wer liest heute den **Enkeln** etwas vor, ...
... Langsam **hinken** sie über die Straße.
Das Schiff **sank**, ohne dass man etwas dagegen tun konnte.
Bang saß Jürgen in der Ecke, denn ...
Dem **Schlangenbeschwörer** im Zirkus gelang eine gute Vorstellung.
Leise drückte Uwe die **Klinke** herunter und öffnete die Tür.

S. 10, A. 6:

Die **Klinke** aus Messing blinkte in der Sonne.
Der Kirchenmaler schuf ein Altarbild mit vielen **Engeln**.
Im Herbst **hingen** am Apfelbaum viele leuchtend rote Äpfel.
Die Schülerin **sang** lange im Chor.
Wir saßen lange auf der **Bank** im Park.
Die Turnerin hat einen **schlanken** Körper.
Der Friseur schleift die Rasier**klinge**.

S. 10, A. 1:

Schlucht	Schwanenteich
Kriechtier	Fluch
Wochenmarkt	Siegel
Macht	Sichel
Strichliste	Teppich
Käfigtür	Pfennig
tauchen	Rettich
machen	Essig
Magen	Frachter
taugen	Verdacht
Brotteig	

S. 10, A. 2:

G/g: Käfigtür – Magen – taugen – Brotteig – Siegel – Pfennig – Essig

K/k: Kriechtier – Käfigtür – Wochenmarkt

Ch/ch: Schlucht – Kriechtier – Wochenmarkt – Macht – Strichliste – tauchen – machen – Fluch – Sichel – Teppich – Rettich – Frachter – Verdacht

S. 11, A. 3:

hässlichen	ranzige
knollige	sonnige
erdigen	süßliche
brenzlige	findige
verlässliche	fürchterliche
geschäftlichen	jährliche
mündliche	dreijährige
stachelige	

S. 12, A. 1:

F: Friede – Hafer – Fell – Schlafanzug – Strafe – frisch – fassen – Graf – tief – fallen – Forelle – Fortschritt – Ferse

V: Vorteil – vielleicht – völlig – Motiv – Vers – Vogel – Vetter – brav – passiv – aktiv

S. 12, A. 2:

v (gesprochen wie f):
Kurve – passiv – aktiv – brav – Detektiv – Motiv – Stativ

v (gesprochen wie w):
Klavier – Vase – November – Veranda – Vitamin – Visum – Proviant – privat – Virus

(Aussprache nach „Duden 1 Die deutsche Rechtschreibung“)

S. 13, A 3:

Er merkte den Verlust seines Geldbeutels zu spät.
Vielleicht wird morgen das Wetter besser.
Er verführte sie zum Eisessen.
Am Abend werden sie ihre Kunststücke vorführen.
Das Kind vollführte einen Luftsprung vor Freude.
Wer gesund leben will, sollte Vollwertkost essen.
Mein Gemälde steht kurz vor seiner Vollendung.
Er versagt es sich, noch ein Tortenstück zu verspeisen.
Die Lehrerin sagt der Klasse die französischen Vokabeln vor.
Der neue Schüler verfügt über eine vielseitige Begabung.
Viele Schülerinnen und Schüler besuchten gestern die Protestversammlung.
Ihr müsst eure Hausaufgaben jetzt verbessern!
In botanischen Gärten begeistert mich immer wieder die Vielfalt an Pflanzen.
Morgen tritt der vorläufige Stundenplan in Kraft.
Die Lokomotive zog den Güterzug mit Volldampf die Rampe hinauf.
In den Ferien verbrachte meine Schwester viel Zeit im Schwimmbad.
Die Klassensprecherin wird unsere Beschwerden noch heute der Direktorin vorbringen.
Wir vollbrachten das Ausmalen des Zimmers in drei Stunden.
Unser schwarzer Kater ist ein Vielfraß.
Dieser Juwelier verkauft moderne Uhren.

S. 13, A. 4:

Aus dem alten Grammofon tönt ein leises Saxofon.
Die neue deutsche Orthografieregelung enthält nur noch 112 Paragrafen.
Geografie gehört zu meinen Lieblingsfächern.
Der Redner sprach mit einem Megafon zu den Demonstranten.

S. 14, A. 5:

pf: Pfanne – Pfad – Pferd – Pfund – Kupfer
f: Delfin – elf – reif – Mikrofon – fähig – Fink – Fackel – Kefir
v: Genitiv – Evangelium – Vers – vergeblich – Larve

S. 14, A. 6:

Pfand	Kampf
Pfanne	klopfen
Dampf	Kupfer
Pforte	Sumpf
Pfeffer	Pfad

S. 14, A. 7:

Die verschiedenen Regenwürmer

Tief – Feld – Sauerampferwurzeln – Frühjahr – unzufrieden – Tiefe – Pfeife – erwartungsvoll – fühlte – pfiff – frei – fröhlich – Sumpf – Buchfink – fraß – Versteck – verspeiste

S. 15, A. 1:

FFF**EXPRESSGUT**	Expressgut
MMM**NIXE**MMMM	Nixe
DDDD**DEXAMEN**D	Examen
LEXIKONGGGGG	Lexikon
KKKKK**KWECHSEL**	Wechsel
LLL**BOXEN**LLLL	boxen
PPPPP**ACHSEL**P	Achsel
CCCCC**PRAXIS**C	Praxis
EE**GEWÄCHSE**EE	Gewächse
T**DEICHSEL**TTT	Deichsel
SS**DRECHSLER**SS	Drechsler

S. 15, A. 2:

Knacks:	Beim Turnen knackste es in seinem Knöchel.
Klecks:	Das Kind kleckste mit seinem Brei.
Knicks:	Vor der Königin machen die Dienerinnen Hofknickse.
hinterrücks:	Das Verhalten der Gangster war hinterrücks.
Geschmacksurteil:	Du urteilst bei diesem Gemälde nur nach deinem Geschmack.

S. 15, A. 3:

Kekse – links

S. 16, A. 4:

x: Mixer – Textbuch – Taxi – explodieren – Arztpraxis

ks: Kekse – Volkswagen – Tanks – links

cks: Kuckucksuhr – Farbklecks – Glücksbringer

chs: Wechsel – wachsen – Füchse – Achse – sechs – Ochse – Wachs

S. 16, A. 5:

Im Gewächshaus

Gewächshaus – Schnurstracks – wachsen – Aufmerksam – Eidechsen – Farbkleckse – Eidechsen – wachsartig – ausgewachsenen

S. 17, A. 1:

ohne Dehnungszeichen:
Rose – schlug – Tage

mit h als Dehnungszeichen:
Ehre – geht – Lehrer – Hahn – Uhr

mit Vokalverdoppelung:
Moos – Saal – Idee

mit ie:
Spiel – diese – sieben

S. 17, A. 2:

ohne Dehnungszeichen:
Blut – Blume – Kran – Vogel – Maler

mit h als Dehnungszeichen:
Ruhm – Bahre – Jahr – Rahmen

mit Vokalverdoppelung:
Aal – Boot – Moor – Schnee – Waage

mit ie:
Zwiebel – Bier – Tiere – siegen – Wiese

keinen gedehnten betonten Vokal enthalten:
Wachtel – Deckel – Sippe – Kinder

S. 18, A. 3:

Wörter mit kurzem Vokal:
Karte – Mast – Hund – Schatten – Wald

Wörter mit langem Vokal:
Segen – Rose – sagen – Dose – Ruder – Degen – Bruder – ragen

S. 18, A. 4 und 5:

a: sagen – ragen, z.B.: fragen – verzagen

e: Segen – Degen, z.B.: Regen – legen

o: Rose – Dose, z.B.: Lose – Hose

u: Ruder – Bruder, z.B.: Luder – Puder

S. 18, A. 6:

1. Stühle	2. Uhr
3. Kohle	4. Bohrer
5. Mühle	6. Lehrer

S. 19, A. 7:

Ohne – auszuruhen – Verkehr – Anzahl – Höhe – Draht

S. 19, A. 8:

nähen:	näht
gehen:	geht
erspähen:	erspäht
flehen:	fleht
nahen:	naht

S. 19, A. 10:

glühendem – Reihe – Stühle – stehend – prahlten – Fröhlich – Wahn – sahen – Mühe

S. 20, A. 11:

```
                        A
Saal            Himbeere
   e            Staat   m
   e            Teer    e
   r                    e
```

S. 20, A. 12:

Klee – Boote – Speer – Motorboot

S. 21, A. 15:

1. Wiederholung	8. Verzierung
2. Frieden	9. Sieger
3. Tiere	10. Riese
4. Melodie	11. Giebel
5. gratulieren	12. dirigieren
6. Fliege	13. Zwiebel
7. Regierung	14. Liebe

S. 21, A. 16:

Gardine	Apfelsine	Kantine
Turbine	Maschine	Rosine
Margarine	Lawine	Violine

S. 22, A. 17:

sieben – viertausend – schwierigen – viel – Routine – stieg – hantierte – Miene – wieder

S. 22, A. 18:

Riesig – Saal – Ausgiebig – gratulierten – niemand – Rosinen – Idee

S. 23, A. 1:

Ratsherren – Männer – schlimme – beschlossen – solle – kümmern – müssten – überall – musste – Ausgefalleneres – kommen – allen – konnten – erinnerte – immer – dass – müsse – starr

S. 23, A. 2:

Sonne	Wasser
Flamme	buddeln
Sattel	Affe
Suppe	Krabbe
Roggen	Wolle

S. 24, A. 3:

Der **Kahn** kann segeln.
Das Auto des Pfarrers wird von einem **Fahrer** gelenkt.
Zum **Wohle** des Menschen wächst den Schafen Wolle.
Das Gestänge im Pferdestall ist aus **Stahl**.
Die Polizei konnte den Dieb beim **Stehlen** stellen.

S. 24, A. 4:

Falke	Tempel	munter	Winkel
rund	Karte	warten	Korb

S. 24, A. 5:

Masse	→ Mast	Rinne	→ Rind
Gasse	→ Gast	alle	→ alt
Pfanne	→ Pfand	Lasse!	→ Last

S. 25, A. 6:

Im Text 2.2. sind folgende Wörter zu unterstreichen und anschließend in die Tabelle einzutragen:

kurzer Vokal mit Doppelkonsonant:
stimmte – hellen – begannen – bewässert – wertvolle – voll – Spannung – dass – fassen

kurzer Vokal mit Konsonantenfolge:
ganze – Hand – Morgen – Stadt – und – Feldes – wurde – gedüngt – wertvolle – Salz – ganz – Schilda – nichts – warten – Salz – Wurzeln – werde

Anmerkungen: Nicht zu unterstreichen sind folgende Wörter:
strömten → **ö** ist langer Vokal, t gehört zur Wortendung, es handelt sich nur um eine scheinbare Konsonantenfolge.
Das trifft auch auf die Wörter **reichlich** und **übrig** zu.

bewässert und **Spannung**: Bei unbetonten Silben gibt es keine Unterscheidung zwischen langen und kurzen Vokalen, sie werden immer kurz gesprochen, wer beide Wörter wie oben unterstrichen hat, hat aber keinen Fehler begangen.

stimmte: Gehört zur Rubrik „kurzer Vokal mit Doppelkonsonant", weil das **t** zur Endung gehört.

S. 25, A. 7:

kurzer Vokal mit Doppelkonsonant:
Löffel – Pfanne – Tasse – Messer

kurzer Vokal mit Konsonantenfolge:
Bürste – Topf – Apfel – Tasche – Lampe – Band

S. 26, A. 8:

1) Ente – 2) Ratte
1) Hund – 2) Affe, man kann statt Kuh allerdings auch Rind sagen, dann werden alle drei Wörter mit kurzem Vokal gesprochen.
1) Schiff – 2) Ballon
1) Bett – 2) Sessel

S. 26, A. 9:

lange – begann – kostbare – stellten – hatte

S. 27, A. 10:

1) Wetter	5) Land
2) Städtern	6) Sommer
3) Acker	7) Ernte
4) Brennnesseln	

S. 27, A. 11:

summen:	wir summten
kämmen:	sie kämmten
sammeln:	ich sammelte
sollen:	du solltest
können:	er/sie/es konnte
rennen:	ich rannte

S. 28, A. 12:

schwimmen	→	Schwimmer
verbannen	→	Verbannter
kennen	→	Bekannten
tümmeln	→	Tümmler
verbrennen	→	Verbranntes

S. 28, A. 13:

stimmen	→	Klavierstimmer
können	→	konnte
wollen	→	wollte
schaffen	→	schaffte
hoffen	→	hoffte

S. 28, A. 14:

1) Wer dieses „topfit"-Heft durchgearbeitet hat, wird keine Rechtschreibfehler mehr machen. (← fehlenden/fehlen)
2) Das Wort „Hoffnung" ist eine Ableitung von „hoffen". (← ableiten)
3) Das Leben auf einer einsamen Insel ist teils geruhsam, teils aufregend und spannend. (← lebte/leben)
4) Beim Zusammentreffen der beiden Revolverhelden floss viel Blut.(← traf/treffen)
5) Der Torwart von Schalke 04 ist ein Könner seines Fachs. (← können)
6) Mit blutigem Schurz trat der Schlachter/Schlächter aus der Tür. (← schlachten)
7) Im Museum ist zurzeit sein ganzes künstlerisches Schaffen zu bewundern. (← schaffen)
8) Die Verwendung von Seife ist empfehlenswert. (← verwendest/verwenden)

S. 29, A. 15:

Geschirrschrank	vollständig	Schiffbruch
Lammbraten	Stammspieler	Lammfleisch
Rennpferd	Rennstall	Lammstall
Spielerstamm	Pferdegeschirr	

S. 29, A. 16:

Müllberg	Müllmenge	Mülltonne
Wattwanderung	Treffpunkt	Schnittpunkt
Schnittmenge	Ballspiel	Netzball
Spielball		

S. 29, A. 17:

Zu unterstreichen sind: Mittwoch – wollte - Schnittmesser – brannten – Ellbogen – juckte – Brennnesseln pflückte

S. 30, A. 18:

Stimmen – sonntags – Zimmer – klappte – sollte – Arme – rannte – Affe

S. 31, A. 1:

schäumen	←	Schaum	Fäulnis	←	faul
verträumt	←	Traum	geräumig	←	Raum
Bräutigam	←	Braut	Fräulein	←	Frau
äußerlich	←	außen	bläulich	←	blau

S. 31, A. 2:

1. Kreis:
Reuse – heute – Beute – Leute – scheußlich
Läuse (← Laus) – Gehäuse (← Haus)

2. Kreis:
neulich – Schleuse – teuer – Feuer
Mäuse (← Maus) – Gemäuer (← Mauer)

S. 32, A. 3:

teuer – Bäume – Bäuche – Heu – Beutel – Beute – getäuscht

S. 32, A. 4:

Falsch geschrieben sind (richtige Schreibweise nach dem Pfeil):
Entteuschung → Enttäuschung – Gebeude → Gebäude
Ratsläute → Ratsleute
gereumig → geräumig – Fäuerschein → Feuerschein
Gemeuer → Gemäuer

S. 32, A. 5:

Falsch geschrieben sind (richtige Schreibweise nach dem Pfeil):
treumten → träumten
verreucherten → verräucherten
ungehäure → ungeheure – Gebeude → Gebäude
fräudig → freudig

S. 33, A. 1:

1) Kaimauer	6) Brotlaib
2) Kaiser	7) Taifun
3) Saite	8) Mais
4) Waise	9) Mai
5) Laie	10) Hai

S. 33, A. 2:

Im Hain zwitschern die Vögel.
Der Karpfen legt im Teich seinen Laich ab.
Hast du Zeit Rad zu fahren, schöne Maid?

S. 33, A. 3:

Hai – Hain – Kai – Kaiser – Laib – Laich – Laie – Mai – Maid – Mais – Saite – Taifun – Waise

S. 34, A. 4:

Leib (= Körper): Mein Leib schmerzt.
Laib (= Brot): Ich kaufe einen Laib Brot.

Seite (= Teil eines Buchs): Schlagt bitte Seite 14 auf!
Saite (= Teil eines Musikinstruments): Ich muss bei meiner Geige eine neue Saite aufziehen.

Weise (= Art und Weise): Auf welche Weise seid ihr zu diesem Ergebnis gekommen?
Waise (= Kind ohne Eltern): Die Waisenkinder wohnen im Waisenhaus.

S. 34, A. 5:

Äußerlich – Gebäude – Leute – bedeutsam – Europa – sein – kein – ungeheuerliches – Seiten – Zeit – heulte – schneidiger – fein – Leinen – leisten – Häufig – neuen – Kaiser – Gebäude

S. 35, A. 1:

Rosie und Else lesen Gruselgeschichten über riesige Ameisen.

S. 35, A. 2:

Auf einer Wiese grasen Hasen.

S. 35, A. 3:

Hause – heiser – Pinsel – Reise – Pause – leise – besonders

S. 35, A. 4:

brausen – Gläser – leise – Lose – Masern – Pause – Pinsel – reisen – Riese

S. 36, A. 5:

Messer – Straße – Kasse – Nüsse/Nuss – Sträuße/Strauß

S. 36, A. 6:

Fässer/Fass – Tasse – Gießkanne – Schlüssel – Rüssel – Kissen – Füße – Sessel

S. 37, A. 7:

große – dreißig – Rathäuser – lassen – also – Vorsicht – sozusagen – mordsmäßige – ließen – verdrießen

S. 37, A. 8:

Schließlich – Kesselschmied – äußerste – rissen – hinunterzurasen – Schlossermeister – einsah – große – überflüssig – lassen – dieser – weisen – Einsicht – einigermaßen – beschlossen – gemeinsam – lassen

S. 38, A. 10:

küssen:	küsst
schließen:	schließt
beißen:	beißt
hassen:	hasst
begrüßen:	begrüßten

S. 38, A. 11:

schießen:	schießt
stoßen:	stößt
lesen:	liest
messen:	misst
reisen:	reist

S. 38, A. 12:

fassten	→	fassen
sauste	→	sausen
Wusstet	→	wissen
grinsten	→	grinsen
müsstest	→	müssen

S. 39, A. 13:

Western	T
Rüstung	U
Schwerlaster	R
weitesten	N
Schuster	E
Kloster	R

S. 39, A. 14:

konjugierte Verbformen:
musste

sonstige Wortarten:
Lastenaufzug – kostbare – Transportkiste – Instrument – Fenster – Leiste – größte – Schwester – schönste – Tasten – meistens – Instrument

S. 40, A. 1:

Fleiß	←	fleißig	Ruß	←	rußig
Kuss	←	küssen	Maus	←	Mäuse
Schloss	←	Schlösser	Pass	←	Pässe
sie saß	←	sie saßen	Kreis	←	Kreise
Eis	←	eisig	groß	←	größer

S. 40, A. 2:

Gleis	←	Gleise	dies	←	diese
Nuss	←	Nüsse	Gans	←	Gänse
Gebiss	←	Gebisse	Reis	←	Reiskorn
sie aß	←	sie aßen	Preis	←	Preise
Fass	←	Fässer	Maß	←	Maße

S. 40, A. 3:

es fraß:	fressen – es frisst – gefräßig – der Fraß
der Genuss:	genießen – sie genießt – sie genoss – Genießerin – der Nießbrauch – der Nießnutzer
er biss:	beißen – du beißt – der Biss – bissig
er aß:	essen – sie isst – essbar – gegessen
der Riss:	reißen – er reißt – es riss – gerissen – reißerisch – Reißnagel – rissig – verrissen – Verriss

S. 41, A. 4:

A) Strauß	D) Fluss
B) Floß	E) Gebiss
C) Kreis	F) Gans

1) F – 2) u – 3) ß – 4) b - 5) a – 6) l – 7) l – 8) f – 9) e – 10) l – 11) d

= Fußballfeld

S. 42, A. 6:

Wortstern:

Bildnis	– Bildnisse	Erlebnis	– Erlebnisse
Erzeugnis	– Erzeugnisse	Bedrängnis	– Bedrängnisse
Erlaubnis	– kein Plural!	Bündnis	– Bündnisse

Lösungswörter:

ein Hindernis
ein Zeugnis
ein Begräbnis
der Wildnis
ein Geheimnis
das Gedächtnis

S. 42, A. 7:

Ärgernis – Besäufnis – Bewandtnis – Düsternis – Ereignis – Erkenntnis – Fahrnis – Fährnis – Finsternis – Gefängnis – Gleichnis – Gelöbnis – Geschehnis – Geständnis – Hemmnis – Kenntnis – Schrecknis – Unkenntnis – Verdammnis – Verhältnis – Verhängnis – Versäumnis – Wagnis – Wirrnis

S. 43, A. 1:

meiste – verbissen – dermaßen – großen – Fleiß – mussten – auszusetzen – Schloss – großer – Salzsäulen

S. 43, A. 3:

Die unterstrichenen Stellen sind falsch, hinter dem Pfeil steht die richtige Schreibweise:

1. Zeile: rassten → rasten – Finßternis → Finsternis
2. Zeile: Schildbürgerverßtand → Schildbürgerverstand
   diessem → diesem
3. Zeile: Waser → Wasser
4. Zeile: Halßband → Halsband

S. 44, A. 1:

L: „Was du da erzählst, **das (dies)** kann ich gar nicht glauben."
C: „Doch, **das (dies)** ist wirklich wahr!"
L: „Na, dann komm schnell zum Telefon, **das (welches)** bei mir im Umkleideraum hängt. Von dort kannst du der Polizei von dem Erlebnis berichten, **das (welches)** du gerade hinter dir hast."
C: „Wir sollten lieber die Diebin fangen, **das (dies)** wäre vielleicht noch möglich."
L: „Nein, **das (dies)** ist Aufgabe der Polizei."

S. 44, A. 2:

Dazu wird deine Aussage auf ein Tonband aufgenommen, **das (welches)** auf meinem Schreibtisch steht.
Ein wenig weiß ich ja schon durch das Telefongespräch, **das (welches)** du mit mir geführt hast.
Anschließend tippe ich diesen Bericht auf das Formblatt, **das (welches)** dafür vorgesehen ist.

S. 45, A. 3:

1) Ich verließ mitten im Sportunterricht das Spiel**, das mich sehr durstig gemacht hatte,** um etwas zu trinken.
2) Ich musste durch den Umkleideraum um zum Waschbecken**, das sich im Duschraum befindet,** zu kommen.
3) Da sah ich dieses Mädchen an einem Kleidungsstück**, das an der Wand hing,** herumhantieren.
4) Das Mädchen drehte sich erschrocken um und stieß ein unverständliches Wort aus, **das fremdartig klang.**

5) Sie ließ das Sportjacket**, das sie gerade in der Hand hielt,** fallen und lief weg.
6) Sofort berichtete ich meinem Lehrer von diesem Geschehen**, das mich ziemlich erschreckt hat.**

<u>S. 46, A. 4:</u>

Ich glaube, dass sie etwa 1,40 m groß ist.
Ich würde schätzen, dass sie 14 Jahre alt ist.
Ich erinnere mich, dass sie eine dunkle Hornbrille trägt.
Trotz der Dunkelheit konnte ich erkennen, dass ihr Haar blond ist.
Ich vermute, dass sie von hier ist.
Über ihren Mund lässt sich sagen, dass er auffällig breit ist.

<u>S. 47, A. 5:</u>

Das Phantombild, **das (welches)** Clara für erstaunlich zutreffend hielt, war fertig. Da wurde sie mit einem Polizeiauto, **das (welches)** sehr geräumig war, nach Hause gefahren. Es war das erste Mal, **dass** sie mit einem solchen Wagen fahren durfte. Besonders gefiel ihr, **dass** man während der Fahrt den Polizeifunk mithören konnte. Diese Fahrt, **das (dies)** war sicher, würde sie nicht so schnell vergessen. Zu Hause warteten die aufgeregten Eltern mit dem Essen, **das (welches)** schon völlig kalt geworden war. „Wir hatten Angst, **dass** dir etwas zugestoßen wäre!", riefen sie dem Mädchen entgegen, **das (welches)** fröhlich aus dem Wagen sprang. „Hat euch denn die Polizei nicht Bescheid gesagt, **dass** ich noch wichtige Dinge zu erledigen hätte?" „Doch", antworteten die besorgten Eltern, „aber wir hätten nicht gedacht, **dass** es so lange dauern würde."

<u>S. 48, A. 1:</u>

Die Fantasie kennt keine Grenzen.
Immer wieder findest du Geschichten, in denen sich Menschen ausmalen, wie sie anders leben könnten. Einige träumen von wilden Abenteuern, bei denen sie große Gefahren mit Geschick und Mut überstehen und mit Gold und Perlen für ihren Einsatz belohnt werden. Andere stellen sich ein Leben ohne Schule vor, sodass sie den ganzen Tag nach Herzenslust spielen und herumtoben dürfen. Wieder andere stellen einfach manche Regeln auf den Kopf und wer hat sich nicht schon vorgestellt, dass es manchmal ganz angenehm sein könnte, wenn einem die gebratenen Tauben wie im Schlaraffenland direkt in den Mund flögen? Die Texte des folgenden Kapitels zeigen dir, dass die Fantasie keine Grenzen kennt.

<u>S. 49, A. 2:</u>

<u>Geräumiges Haus</u> unter Palmen zu verschenken. Das ganze Jahr hindurch <u>angenehmes Wetter</u>. <u>Kleines Inselhaus</u> mit <u>bequemer Einrichtung</u>. ...

<u>S. 49, A. 3:</u>

Besonderheit für <u>schwindelfreie Abenteurer</u>. Die <u>fliegende Mühle</u> bringt dich überall hin, wohin du willst. Betritt die Mühle, schließe die Augen, sag: „Mühle flieg!", und die <u>großen Flügel</u> werden sich in Bewegung setzen. Du wirst <u>sagenhafte Länder</u> überfliegen, von denen du noch nie zu träumen gewagt hast. Rufst du „Mühle still!", landest du sanft wie eine Feder.

<u>S. 49, A. 4:</u>

frei/Himmel:	Der freie Himmel ist wolkenlos.
rau/Berge:	Die rauen Berge ragen in der Ferne empor.
versteckt/Höhle:	Wir haben die versteckt liegende Höhle gefunden.
seltsam/Gerät:	Das seltsame Gerät ist sehr verrostet.

<u>S. 50, A. 1:</u>

Angegeben ist jeweils die verbesserte Schreibweise der im Text falsch geschriebenen Personal- und Possessivpronomen. (Siehe auch Aufgabe S. 51, A. 2!)

R:	Ich möchte <u>Ihnen</u> dieses ...
RRR:	Wahrscheinlich werden <u>Sie</u> es nicht glauben und trotzdem können <u>Sie</u> es <u>Ihren</u> Freunden ...
R:	...sodass <u>er</u> sich nicht einmal zu bücken braucht.
R:	Wenn Sie mit <u>Ihren</u> Freunden kommen sollten, ...
R:	... damit <u>ihnen</u> jederzeit ...
RR:	Kommen <u>Sie</u> her und schauen <u>Sie</u> es sich an; ...
R:	Es grüßt <u>Sie</u> herzlich

<u>S. 51, A. 2:</u>

Diese Aufgabe entspricht der oben abgedruckten Lösung der Aufgabe A 1 auf S. 50.

<u>S. 51, A. 3:</u>

Anmerkung: Die falsch geschriebenen Wörter sind verbessert, man erkennt sie daran, dass sie fett gedruckt sind.

Lieber Unbekannter,
mir ist eingefallen, dass ich dir überhaupt nicht geschrieben habe, wie du zu uns kommen kannst. **Gib** diese wichtige **Botschaft** bitte weiter, damit auch andere ihr **Glück** machen können.
Ich bin ununterbrochen gewandert, bis ich so müde war, dass ich mich unter dem nächstbesten **Baum** schlafen legte. **Der Mond** schien besonders hell und ich sah plötzlich eine riesige **Mauer** aus **Reisbrei**. Wisst ihr, was nun geschah?

<u>S. 53, A. 5 und 6:</u>

Anmerkung: Die falsch geschriebenen Wörter sind verbessert, man erkennt sie daran, dass sie fett gedruckt sind.

P.S.: Bitte entschuldigen Sie, lieber Unbekannter, dass ich **Sie** in meinem letzten Brief so angesprochen habe, als wären **wir** bereits die besten Freunde, denn ich habe plötzlich nicht mehr „Sie" zu **Ihnen** gesagt. Nur dies wäre die richtige Form der Anrede gewesen, da wir uns noch nicht kennen. Aber hier in Schlaraffenstadt ist einfach alles anders. Also bitte seien **Sie** mir nicht böse.
Ihr (oder vielleicht doch: dein) Freund Christian

S. 54, A. 1:

a) Die Schüler dürfen vor dem ersten Läuten das Schulgebäude ...
b) Das Radfahren auf dem Schulhof ...
c) Das Rutschen auf den Treppengeländern ...
d) Das Mitbringen von weißen Mäusen ...
e) Aber ausnahmsweise ist beim Arbeiten Pfeifen und Singen erlaubt, denn sonst ...

S. 55, A. 3:

tapferen und edelmütigen Winnetou
armen Familie
weite Ferne
kleinen Fälschereien und Betrügereien
beim Lesen
wilden und rauen Berglandschaften

S. 55, A. 4:

Winnetou stand still und unbeweglich vor der Tür, die dunkel strahlenden Augen auf Mutter und Sohn gerichtet. Das Blauschwarz seiner langen dichten Haare glänzte; die Haare fielen lang auf den stolz aufgerichteten Rücken herab. Keine Adlerfedern schmückten diese indianische Haartracht. Man sah diesem Mann auch so an, dass er kein gewöhnlicher Krieger war.

S. 57, A. 6:

viel Überflüssiges
etwas Wichtiges
genug Essbares
allerlei Neues

S. 57, A. 7:

Allerlei Neues aus dem Schlaraffenland

Am 511. Tag geschah etwas Komisches in unserer Stadt. Ein junger Mann verunglückte schwer, als er sich beim Überqueren der Straße an einem Taubenflügel verschluckte, der ihm in den offenen Mund geflogen war. Der Mann hatte an nichts Böses gedacht und war wohl über eins der Käseräder gestolpert, mit dem die Straßen hier gepflastert sind.

S. 58, A. 8:

Bei einer Abendgesellschaft im Garten des Schlaraffen-Rathauses ereignete sich am gestrigen Abend etwas Außergewöhnliches. Wahrscheinlich müssen in Zukunft Vorkehrungen getroffen werden, damit Schlimmeres verhütet werden kann. Gebratene Ferkel, die eilends dem Rufen der Gäste gefolgt und in den Garten gerannt waren, verloren die Orientierung, rannten ziellos gegeneinander und stießen dabei Tische und Stühle um, sodass die hungrigen Gäste in Panik davonliefen.

S. 58, A. 9:

Im Schlaraffenland wird anders belohnt als bei uns. Die Schlaraffen erhalten nicht nur für ihr Faulenzen Belohnungen, sondern auch für ihr ausgedehntes Schlafen und ihr fortwährendes Liegen. Man hat unser Rufen überall gehört. Dein unermüdliches Üben wird dir Erfolg bringen.

S. 60, A. 1:

Das erste Geißlein kroch unter den Tisch.
Das zweite Geißlein schlüpfte unter das Bett.
Das dritte Geißlein verkroch sich hinter dem Ofen.
Das vierte Geißlein lief in die Küche.
Das fünfte Geißlein schloss sich im Schrank ein.
Das sechste Geißlein sprang in den Uhrenkasten.
Das siebte Geißlein versteckte sich im Waschzuber.

S. 60, A. 2:

vierten – ersten – einen – zwei – fünf

S. 61, A. 3:

Anna hatte wieder einmal in der Arbeit eine Eins geschrieben.
Mehr als ein Drittel der Gäste war schon gekommen.
Ein Fünftel des Weges war schon geschafft.
Der große Zeiger nähert sich der Elf.

S. 61, A. 4:

Am neunten Oktober gerieten wir in einen fürchterlichen Sturm. Schon nach fünf Minuten war ein Drittel der Besegelung zerfetzt und zwei Drittel der Mannschaft waren verletzt oder gar tot. Gleich zu Beginn des Sturmes wurden drei Matrosen über Bord gespült und sieben wurden von herumfliegenden Teilen erschlagen, die bis zu einer viertel Tonne Gewicht hatten. Am zehnten Oktober lief das Schiff dann auf ein Riff und versank.

S. 62, A. 5:

Die Zwei, so nannten wir unser Rettungsboot, da es am Bug die Ziffer Zwei stehen hatte, bot mir und acht weiteren Matrosen zunächst Schutz vor den Fluten, doch wir hatten uns kaum fünf Bootslängen vom Riff entfernt, da versank es. Mit letzter Kraft konnte ich mich auf einen nahen Strand retten.

S. 62, A. 6:

8 000 000: London hat über acht Millionen Einwohner.
10 000 000: Die Luxusvilla ... kostete zehn Millionen Euro.

S. 62, A. 7:

10 000:	... mit über zehntausend kleinen Fäden ...
1/10:	... betrug vielleicht ein Zehntel eines ...
1 000 000:	... mindestens eine Million ...
1. – 800:	... die ersten achthundert der Winzlinge ...
20 000:	... die folgenden zwanzigtausend Soldaten ...
100 000:	... kamen etwa hunderttausend Menschen ...

S. 63, A. 1:

vertragen heimgehen
herausshängen
verschätzen herauskommen

S. 63, A. 2:

überprüfen – herantrat – wischte ... ab (← abwischen) – vorzeigte

S. 63, A. 3:

überführt – freisprechen – emporstreckte

S. 63, A. 4:

fort:	fortführen – fortgehen – fortbringen
fest:	festnehmen – feststellen – festlegen
teil:	teilnehmen
zurück:	zurücknehmen – zurückstellen – zurückführen – zurücklegen – zurückgehen – zurückbringen
unter:	unternehmen – unterstellen – unterführen – unterlegen – untergehen – unterbringen
über:	übernehmen – überstellen – überstimmen – überführen – überlegen – übergehen – überbringen

S. 64, A. 5:

bloß:	bloßstellen
bereit:	bereitstellen – bereithalten
los:	losschlagen – lossprechen – losfahren – lostreten
fern:	fernhalten – fernsprechen – fernsehen
wider:	widersprechen – widerfahren
dazwischen:	dazwischenstellen – dazwischenschlagen – dazwischensprechen – dazwischenfahren – dazwischentreten
auf:	aufstellen – aufhalten – aufschlagen – auffahren – auftreten – aufsehen

S. 64, A. 6:

1) Sie stellte ihre Mitschülerinnen während der Diskussion bloß.
2) Die Skifahrer traten eine Lawine los.
3) Er wurde von der Schuld losgesprochen.
4) Haltet mir diese Vielschwätzer fern!
5) Meinem Onkel ist gestern ein Unglück widerfahren.
6) Wir müssen bei dieser Rauferei dazwischenfahren.

S. 64, A. 7:

Nur wenn wir wirklich <u>zusammenspielen</u>, können wir ein Tor machen.
Die drei Mädchen wollten in der Pause <u>zusammen</u> <u>spielen</u>.

Kannst du diesen Satz bitte <u>wiederholen</u>?
Wir müssen jetzt zuerst den Ball <u>wieder</u> <u>holen</u>.

S. 65, A. 8:

Auf dem Fußweg kann man sícher géhen.
Ich will síchergehen, dass du schweigst.

Yvonne war die beste Rednerin; sie konnte ausgezeichnet freí spréchen.
Der Dieb war mangels an Beweisen freígesprochen worden.

Ob der Komplize wohl díchthalten würde?
Die Wasserleitung muss dícht hálten.

S. 65, A. 9:

Anna wartet auf Anke um mit ihr zusámmen zu fáhren.
Das Knistern der Balken ließ Jürgen zusámmenfahren.

Sie sahen ihn heute fröhlich pfeifend dahérkommen.
Sollte dies dáher kommen, dass morgen die Ferien anfangen?

Der Lagerarbeiter sollte die Kisten hóch stápeln.
Der Angeber konnte immer nur hóchstapeln.

S. 65, A. 10:

Wir werden gleích kómmen.
Die heutigen Weitsprungergebnisse werden den gestrigen gleíchkommen.

Die Kinder können schon gút schreíben.
Die Verkäuferin hat mir diesen Betrag gútgeschrieben.

S. 66, A. 11:

Die Busse fahren so selten, dass es schwierig war, pünktlich <u>zu kommen</u>.
Es ist notwendig, die Gitarre regelmäßig <u>zu stimmen</u>.
Mutter fordert Ralph auf endlich seine Schultasche <u>zu packen</u>.
Es ist nicht leicht, Katzen alleine <u>zu lassen</u>.
Ich kann es nicht mehr ertragen, diese Musik <u>zu hören</u>.

S. 66, A. 12:

Die Kinder wollten der Großmutter nicht <u>zuhören</u>.
Sebastian konnte beim Einräumen schon tüchtig <u>zupacken</u>.
Diesem Vorschlag mussten die Eltern schon <u>zustimmen</u>.
Das werde ich nicht <u>zulassen</u>.
Wenn du mir doch einen Keks <u>zukommen</u> lassen würdest.

S. 67, A. 13:

zu kommen – kennen zu lernen – zustimmen – zusetzen – zusammenkommen – auszutauschen – zu hören – zuhören

Notizen

1. Im Inlaut

1 In den folgenden Reihen sind Wörter enthalten, die im Inlaut mit einem einfachen *s* geschrieben werden wie im Wort *leise*. Wenn du sie der Reihenfolge nach einträgst, ergeben sie einen sinnvollen Satz.

Rosie / Lasso / Tasse
Messer / Kessel / Else
essen / schießen / lesen
Gruselgeschichten / Grimasse / Essig
hässlich / riesige / verfressen
Wasser / Wissen / Ameisen

Rosie und ______ ______________ __________________ über ____________ ____________ .

2 Noch einmal!

Wiese / Gosse / Wasser
fressen / beißen / grasen
Masse / Schlüssel / Hasen

Auf einer ________________________ ________________________ ________________________ .

3 Schreibe aus dem folgenden Text die Wörter heraus, die im Inlaut mit einem einfachen *s* geschrieben werden.

Die Führung durch die berühmte Galerie war gerade beendet. Alle Werke im Hause waren unter fachmännischer Leitung betrachtet worden und der Führer hatte sich heiser geredet um die Bilder und die Art, wie jeweils der Pinsel geführt worden war, zu erklären. Schließlich sagte er: „Möchte jemand noch etwas fragen, bevor Ihre Reise weitergeht?“ Lange Pause – dann kam eine leise, schüchterne Stimme: „Ich würde gerne wissen, womit Sie Ihre Böden so besonders glänzend kriegen.“
[*nach: H.L. Gee, In der Kunstgalerie, aus: Die Blumen des Blinden, München 1983*]

____

____

4 Setze die Silben so zusammen, dass sinnvolle Wörter entstehen.

brau - Glä - lei - Lo - Ma Pau - Pin - rei - Rie	+	se - se - se - se - sel sen - sen - ser - sern

____

____

____

S-Laute: 1. Im Inlaut

(100)

Wenn du dir nicht im Klaren darüber bist, ob im Inlaut *ss* oder *ß* geschrieben werden soll, musst du unterscheiden, ob der S-Laut nach einem lang oder kurz gesprochenen Vokal steht.
Nach einem **lang gesprochenen Vokal** und nach Diphthongen schreibst du *ß* (z. B. genießen; die Straße, reißen)
Nach einem **kurz gesprochenen Vokal** schreibst du *ss* (z. B. Messer)

5 Jedes Bild steht für ein Wort mit *ss* oder *ß* im Inlaut. Schreibe das dazugehörige Wort unter das Bild.

6 Noch einmal!

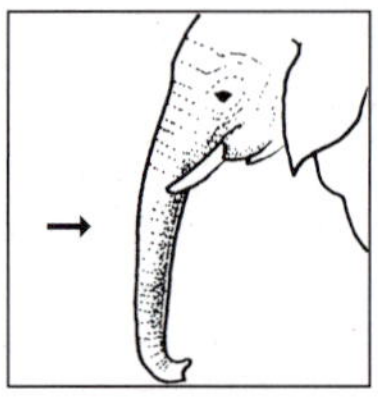

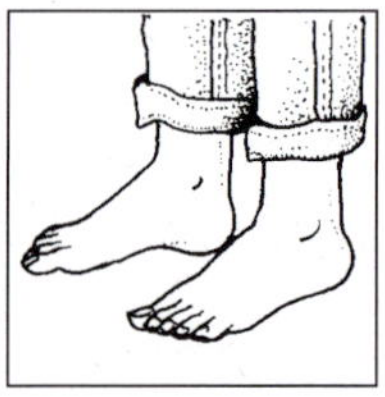

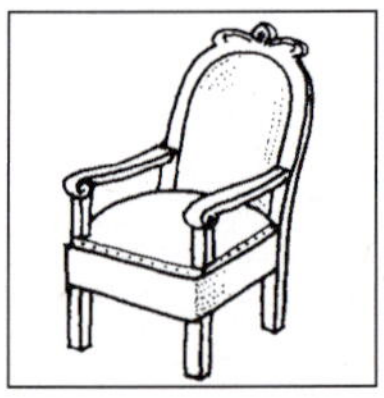

7 Neues von den Schildbürgern.

In dem folgenden Text, in dem du in die Lücken entweder ein *s* oder ein *ss* bzw. *ß* eintragen musst, haben die Schildbürger gerade auf einem Berg alle Bäume für den Bau ihres Rathauses gefällt.

Als sie schon eine gro___e Anzahl von Bäumen gefällt hatten, mit der man mehr als drei___ig Rathäu__er hätte bauen la__en können, spuckten sie in die Hände. So, jetzt wollten sie al__o die Baumstämme mit der gebotenen Vor___icht den Berg heruntertragen. Es war sozu___agen eine mordsmä__ige Arbeit, aber die Schildbürger lie__en sich nicht verdrie__en.

8 Die Geschichte geht weiter.

Schlie__lich waren sie beim letzten Stamm angelangt, als plötzlich bums! der Ke__elschmied, der das äu__erste Ende stützte, ausglitt und längelang hinschlug. Vor Schreck ri__en alle anderen die Arme hoch, woraufhin der Stamm von ihren Schultern fiel und anfing den Berg hinunterzura__en. Der Schlo__ermeister war der Erste, der ein__ah, dass die gro__e Plackerei überflü__ig gewesen war. Denn da man die Bäume den Berg einfach hinunterrollen la__en konnte, hätte man sie nicht zu schleppen brauchen. Beschämt stimmten die anderen Männer die__er wei__en Ein__icht bei und um ihre Dummheit einigerma__en auszuwetzen beschlo__en sie gemein__am die Stämme wieder den Berg hinaufzuschleppen und dann hinunterrollen zu la__en.

9 Diktiert euch den Text von Aufgabe 8 als Partnerdiktat.

S-Laute: 1. Im Inlaut

(100)

> In den konjugierten Verbformen schreibt man nach langem Vokal oder Diphtong *ß*.
> Nach kurzem Vokal schreibt man *ss*, wenn *ss* bereits im Infinitiv steht und man schreibt *s*, wenn *s* im Infinitiv steht.

10 Wende diese Regeln in folgenden Sätzen an.

küssen:	Die Mutter ______________ ihr Kind.
schließen:	Der Lehrer ______________ die Tür.
beißen:	Vorsicht, der Hund ______________ gerne Briefträger!
hassen:	Er ______________ es, wenn man zu spät kommt.
begrüßen:	Vor dem Spiel gestern ______________ sich alle mit Handschlag.

11 Hier kannst du zum gleichen Problem noch einmal üben.

schießen:	Der Jäger ______________ nur, wenn es nötig ist.
stoßen:	Er ______________ die Kugel in das Loch.
lesen:	„Du ______________ viel zu schnell“, sagt der Lehrer.
messen:	Claudia ______________ die Länge des Sprunges sehr genau.
reisen:	Die Klasse ______________ in den Bayerischen Wald.

12 Bilde den Infinitiv und entscheide dann, wie du den *s*-Laut schreiben musst.

Wir fa ___ ten kräftig beim Umzug mit an.	______________
Mit dem Fahrrad sau ___ te er den Berg hinunter.	______________
Wu ___ tet ihr die Auflösung des Rätsels?	______________
Sie grin ___ ten, obwohl es gar nichts zu lachen gab.	______________
Jetzt mü ___ test du eigentlich die Regel verstanden haben.	______________

Alle Nicht-Verben, bei denen im Inlaut ein *t* auf einen *s*-Laut folgt, schreibt man mit *s*.

13 Alle gesuchten Wörter enthalten ein *st*. Das Lösungswort bezeichnet einen Sportler.

Wir sehen einen W☐☐☐☐☐☐ mit Cowboys.

Der Ritter trägt eine R☐☐☐☐☐☐.

Ein Schwerl☐☐☐☐☐ transportiert Steine.

Im Weitsprung sprang er am w☐☐☐☐☐☐☐☐.

Ein S☐☐☐☐☐☐☐ repariert die Schuhe.

Die Mönche leben im K☐☐☐☐☐☐.

14 Unterscheide bei der Schreibweise der *s*-Laute zwischen konjugierten Verbformen und sonstigen Wortarten.

Mit dem La ___ enaufzug wurde das ko ___ bare Klavier in die Wohnung gebracht. Als man die Transportki ___ e entfernt hatte, schoben wir alle das In ___ rument vor das Fen ___ er. Erst dadurch wurde sichtbar, dass eine Lei ___ e beschädigt worden war; doch sonst mu ___ e nichts beanstandet werden. Nachdem der grö ___ e Dreck fortgeschafft war, setzte sich meine Schwe ___ er an das Klavier und zauberte die schön ___ en Töne aus den Ta ___ en. Auch heute noch spielt mei ___ ens nur meine Schwester auf diesem In ___ rument.

15 Diktiert euch den obigen Text als Partnerdiktat.

____

____

____

____

____

____

____

____

____

____

____

(103)

2. Im Auslaut

Im Auslaut (auch im Silbenauslaut) steht entweder *-s, -ss* oder *-ß*.

Nach kurzem Vokal schreibst du im Auslaut immer *-ss* (z. B. der Flu*ss*).
Nach langem Vokal oder Diphthong musst du durch Verlängern entscheiden, ob du *-s* oder *-ß* schreibst:
Ist der *s*-Laut bei der Verlängerung stimmhaft, schreibst du im Auslaut *-s* (z. B. das Glas, denn es heißt Gläser).
Ist der *s*-Laut stimmlos, schreibst du im Auslaut *-ß* (z. B. der Gruß, denn es heißt grüßen).

1 Verlängere und ergänze entsprechend.

Flei ___ , denn es heißt ________________	Ru___ , denn es heißt ________________
Ku ___ , ________________	Mau___ , ________________
Schlo ___ , ________________	Pa___ , ________________
sie sa___ , ________________	Krei___ , ________________
Ei___ , ________________	gro___ , ________________

2 Verfahre genauso wie in Übung 1.

Glei ___ , denn es heißt ________________	die___ , denn es heißt ________________
Nu ___ , ________________	Gan___ , ________________
Gebi___ , ________________	Rei___ , ________________
sie a___ , ________________	Prei___ , ________________
Fa___ , ________________	Ma___ , ________________

Wenn du die oben angeführten Regeln für die Schreibweise des *s*-Lautes anwendest, kann es passieren, dass bei manchen Wörtern des gleichen Stammes verschiedene Schreibweisen für das *s* auftreten. Das hängt davon ab, ob der Vokal lang oder kurz gesprochen wird. (z. B.: fließen – er floss – der Fluss – das Floß).

3 Suche zu dem genannten Wort andere des gleichen Wortstammes und achte dabei auf die Schreibweise des *s*-Lautes.

es fraß: ____

der Genuss: ____

er biss: ____

er aß: ____

der Riss: ____

4 Die Buchstaben in den nummerierten Kästchen ergeben ein sinnvolles Wort. Schreibe nur am Anfang des Wortes einen Großbuchstaben.

A

B

C
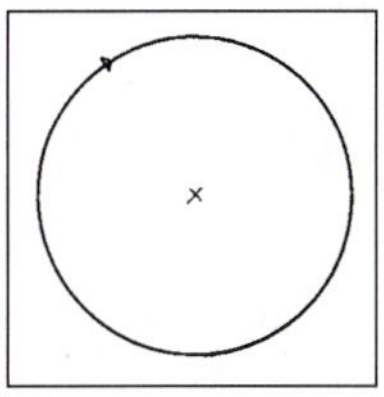
D

E

F

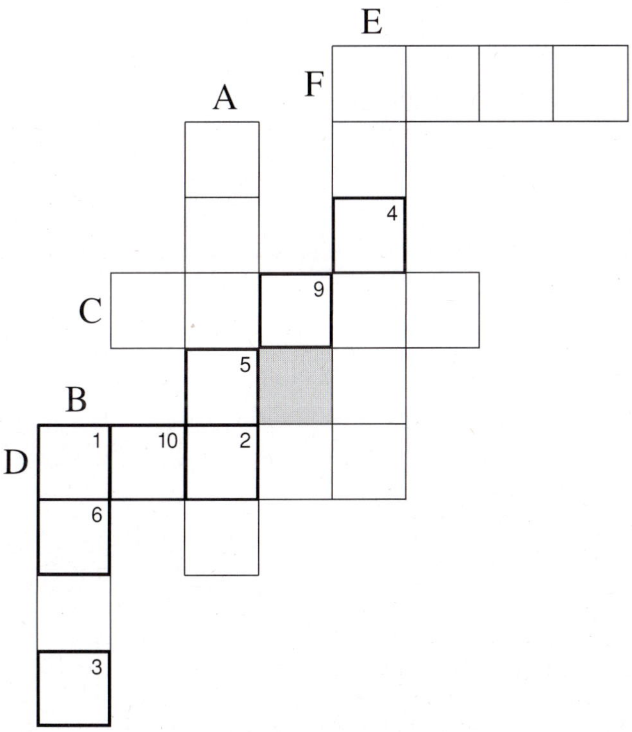

1	2	3	4	5	6	7	8	9	10	11
						l	f			d

(103) Eine Reihe von Substantiven (Nomen) endet auf *-nis.*

6 Schreibe alle Wörter, die auf -nis enden, aus dem Wortstern heraus und bilde dazu den Plural.

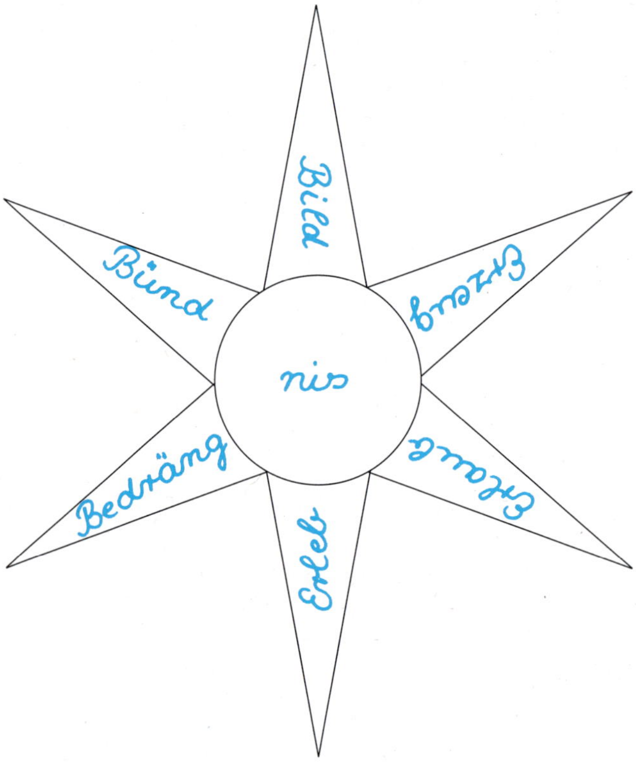

__________ - __________ __________ - __________

__________ - __________ __________ - __________

__________ - __________ __________ - __________

Die Lösungswörter enden alle auf *-nis.*

Dieses Ding steht im Weg: ein __________

Erhält jeder Schüler am Ende des Schuljahrs: ein __________

Findet nur auf dem Friedhof statt: ein Be__________

Wilde Tiere leben in: der __________

Etwas, das man niemandem verrät: ein __________

Wenn wir das nicht hätten, würden wir alles vergessen: das __________

7 Kannst du noch mehr solcher Wörter finden?

__________ __________ __________

__________ __________ __________

3. Zusammenfassung

1 Hier erfährst du, wie die Schildbürger ihr Rathaus bauten.

Als sie nun das Holz und das mei ___ te Baumaterial auf den Marktplatz geschafft hatten, verbi ___ en sie sich mit einem derma ___ en gro ___ en Flei ___ und Eifer in die Arbeit, dass das Rathaus in wenigen Tagen fix und fertig war. Sie mu ___ ten nur noch das Dach decken und die Amtshandlungen konnten beginnen. Solange es noch kein Dach hatte, fanden die Schildbürger an ihrem Bauwerk nichts auszu ___ etzen. Als aber das Dach gedeckt war, das Schlo ___ der Tür mit gro ___ er Feierlichkeit geöffnet wurde und sie das Gebäude betraten, standen sie da wie zu Salz ___ äulen erstarrt.

2 Jetzt diktiere deinem Nachbarn oder deiner Nachbarin den folgenden Text bis zum Absatz. Danach könnt ihr die Rollen tauschen.

Im Rathaus herrschte eine dichte Finsternis, man hätte sie mit dem Messer zerschneiden können. In diesem Grabesdunkel konnte keiner den anderen sehen. Da gingen sie wieder hinaus um nachzusehen, woran das wohl liegen mochte.

Aber obwohl sie auch das Rathaus von dem Fußboden bis zum Dach eingehend untersuchten, konnten sie keinen Mangel finden. Die Mauer war groß und fest, das Dach saß richtig. Sollte der Fehler im Innersten des Hauses sein?

3 Hier kannst du einmal Lehrer spielen. Suche die am Rand bezeichneten Fehler und streiche sie mit einem roten Kreuz durch. Schreibe danach unten die verbesserten Wörter hin.

R, R Und schon rassten sie wieder hinein, aber wegen der undurchdringlichen Finßternis war
R, R nichts zu sehen. Kurz und gut, ihr Schildbürgerverßtand war diessem Rätsel nicht gewachsen.
R Ja, aber was nun? Da taten sie, was sie immer taten, wenn ihnen das Waser bis an den
R Halß stand: Sie beriefen eine Sitzung des Stadtrats ein.

4. das oder dass?

(108) **1** Führe die **Ersatzprobe** durch, indem du in die Lücken für *das* entweder *dies* oder *welches* einsetzt.

Lehrer: „Was du da erzählst, **das** (__________) kann ich gar nicht glauben."

Clara: „Doch, **das** (__________) ist wirklich wahr!"

Lehrer: „Na, dann komm schnell mit zum Telefon, **das** (__________) bei mir im Umkleideraum hängt. Von dort kannst du der Polizei von dem Erlebnis berichten, **das** (__________) du gerade hinter dir hast."

Clara: „Wir sollten lieber die Diebin fangen, **das** (__________) wäre vielleicht noch möglich."

Lehrer: „Nein, **das** (__________) ist Aufgabe der Polizei."

2 Später bei der Polizei wird Clara ganz genau von einer Polizeibeamtin darüber informiert, was noch zu tun ist. Um herauszubekommen was die Polizistin genau sagt, musst du den eingeklammerten Satz als Relativsatz (das-Satz) in den jeweils vorangehenden Satz einfügen.

Jetzt halten wir dein Erlebnis fest. (Du hattest es im Umkleideraum.)

Jetzt halten wir dein Erlebnis fest, das du im Umkleideraum hattest.

Bilde entsprechende Sätze.

Dazu wird deine Aussage auf ein Tonband aufgenommen.
(Es steht auf meinem Schreibtisch.)

____

____

Ein wenig weiß ich ja schon durch das Telefongespräch.
(Du hast es mit mir geführt.)

____

____

Anschließend tippe ich diesen Bericht auf das Formblatt.
(Es ist dafür vorgesehen.)

____

____

Aufgeregt spricht Clara folgenden Text auf Tonband:

1) Ich verließ um etwas zu trinken mitten im Sportunterricht das Spiel. Das Spiel hatte mich sehr durstig gemacht.
2) Ich musste durch den Umkleideraum um zum Waschbecken zu kommen. Das Waschbecken befindet sich im Duschraum.
3) Da sah ich dieses Mädchen an einem Kleidungsstück herumhantieren. Das Kleidungsstück hing an der Wand.
4) Das Mädchen drehte sich erschrocken zu mir um und stieß ein unverständliches Wort aus. Das Wort klang fremdartig.
5) Sie ließ das Sportjacket fallen und lief weg. Das Sportjacket hielt sie gerade in der Hand.
6) Sofort berichtete ich meinem Lehrer von diesem Geschehen. Das Geschehen hat mich ziemlich erschreckt.

Gekonnt formulierte die Polizistin an der Schreibmaschine diesen Bericht wie folgt um:

1) Ich verließ mitten im Sportunterricht das Spiel, **das mich sehr durstig gemacht hatte**, um etwas zu trinken.

3 Du bist nun die Polizistin. Vervollständige in dieser Art den Bericht.

2) ______________________________

____

____

3) ______________________________

____

____

4) ______________________________

____

____

5) ______________________________

____

____

6) ______________________________

____

____

Nach dem Protokoll kam der Polizeizeichner und fertigte mithilfe von Claras Angaben ein Phantombild der Täterin an.

Die Verdächtige ist etwa 1,40 m groß.
Ihr Alter wird auf 14 geschätzt.
Neben dem langen blonden Haar und einer runden Hornbrille fällt vor allem der starke Dialekt auf.
Ihr Mund ist auffällig breit.

4 Vervollständige in der Art des Beispielsatzes Claras Angaben. Bedenke dabei, dass häufig nach Verben der Wahrnehmung und des Denkens ein Nebensatz mit *dass* folgt.

Ich konnte erkennen, **dass das Mädchen nicht groß war**.

Ich glaube, dass ______________________________

______________________________. (genaue Größenangabe)

Ich würde schätzen, ______________________________

______________________________. (Altersangabe)

Ich erinnere mich, ______________________________

______________________________. (Brille)

Trotz der Dunkelheit konnte ich erkennen, ______________________________

______________________________. (Haare)

Ich vermute, ______________________________

______________________________, denn sie sprach mit einem starken Dialekt.

Über ihren Mund lässt sich sagen, ______________________________

______________________________. (Größe des Mundes)

Setze entweder *dass* oder *das* ein. In Zweifelsfällen beachte die Regel: Wenn man *dies* oder *welches* einsetzen kann, dann schreibt man *das*. (108)

5 Das Phantombild, _______ Clara für erstaunlich zutreffend hielt, war fertig. Da wurde sie mit einem Polizeiauto, ________ sehr geräumig war, nach Hause gefahren. Es war das erste Mal, _______ sie mit einem solchen Wagen fahren durfte. Besonders gefiel ihr, ______ man während der Fahrt den Polizeifunk mithören konnte. Diese Fahrt, ______ war sicher, würde sie nicht so schnell vergessen. Zu Hause warteten die aufgeregten Eltern mit dem Essen, _______ schon völlig kalt geworden war. „Wir hatten schon Angst, ________ dir etwas zugestoßen wäre!“, riefen sie dem Mädchen entgegen, ________ fröhlich aus dem Wagen sprang. „Hat euch denn die Polizei nicht Bescheid gesagt, _______ ich noch wichtige Dinge zu erledigen hätte?“ „Doch“, antworteten die besorgten Eltern, „aber wir hätten nicht gedacht, _____ es so lange dauern würde.“

6 Zwei Tage später war folgender Bericht in der Zeitung zu lesen. Schreibt ihn im Partnerdiktat ab, indem ihr euch beim Diktieren absatzweise abwechselt.

Einbruch in der Schule aufgeklärt

Durch die gute Beobachtungsgabe von Clara M. konnte ein Vergehen aufgeklärt werden, das in der letzten Woche in der Heine-Schule für viel Aufregung gesorgt hatte. Aufgrund der genauen Beschreibung durch das Mädchen, das durch Zufall die Täterin auf frischer Tat ertappt hatte, konnte ein Phantombild erstellt werden, das die Festnahme der Diebin ermöglichte.

Die Schülerin hatte nicht nur gesehen, dass sich im Gesicht des Mädchens eine auffällige Brille befand, sondern sie hatte auch wahrgenommen, dass diese mit einem starken Dialekt sprach. Nach der Festnahme wurde in der heruntergekommenen Wohnung des Mädchens, das vermutlich drogensüchtig ist, weiteres Diebesgut gefunden, das aus anderen Einbrüchen stammt.

(142, 144)

1. Die Grundregel

1 Schreibe den folgenden Text in der richtigen Groß- und Kleinschreibung ab.

die fantasie kennt keine grenzen
immer wieder findest du geschichten, in denen sich menschen ausmalen, wie sie anders leben könnten. einige träumen von wilden abenteuern, bei denen sie große gefahren mit geschick und mut überstehen und mit gold und perlen für ihren einsatz belohnt werden. andere stellen sich ein leben ohne schule vor, sodass sie den ganzen tag nach herzenslust spielen und herumtoben dürfen. wieder andere stellen einfach manche regeln auf den kopf und wer hat sich nicht schon vorgestellt, dass es manchmal ganz angenehm sein könnte, wenn einem die gebratenen tauben wie im schlaraffenland direkt in den mund flögen? die texte des folgenden kapitels zeigen dir, dass die fantasie keine grenzen kennt.

2 Fülle die Lücken in der folgenden Zeitungsanzeige mit den Ausdrücken des Wortspeichers. Achte dabei auf die Schreibweise der Substantive (Nomen) und Adjektive.

Traumhäuser zu verschenken

kleines inselhaus - angenehmes wetter - geräumiges haus - bequemer einrichtung

________________________ unter Palmen zu verschenken. Das ganze Jahr hindurch ________________________ . ________________________ mit ________________________ . Nur mit einem leistungsstarken Schiff zu erreichen. Vorräte nicht vergessen.

3 Verfahre wie in Aufgabe 2.

schwindelfreie abenteurer - fliegende mühle - großen flügel - sagenhafte länder

Besonderheit für ________________________ . Die ________________________ bringt dich überall hin, wohin du willst. Betritt die Mühle, schließe die Augen, sag: „Mühle flieg!", und die ________________________ werden sich in Bewegung setzen. Du wirst ________________________ überfliegen, von denen du noch nie zu träumen gewagt hast. Rufst du:„Mühle still!", landest du sanft wie eine Feder.

4 Bilde Sätze nach dem folgenden Muster.

weit / Reise: Die weite Reise hatte sie sehr ermüdet.

frei / Himmel: ________________________

rau / Berge: ________________________

versteckt / Höhle: ________________________

seltsam / Gerät: ________________________

2. Die Höflichkeitsformen (auch im Brief)

(152) Die Anredepronomen (Fürwörter) der Höflichkeitsform werden – vor allem in der direkten Rede und im Brief – großgeschrieben. (z. B. „Haben *S*ie *I*hre Briefe bereits frankiert?“, fragte der Postbeamte.)

1 In dem folgenden Brief, der auf bisher noch nicht geklärte Weise aus Schlaraffenland hierher gelangt ist, findest du bei den Pronomen zehn Rechtschreibfehler. Unterstreiche zunächst diese Fehler.

Schlaraffenstadt, am 495. Tag

Sehr geehrter Unbekannter,

endlich habe ich es geschafft und habe das Land meiner Träume gefunden. Vielleicht verspüren Sie beim Lesen meines Berichtes auch Lust zu kommen.

Ich möchte ihnen dieses seltsame Land, das den Namen Schlaraffenland trägt, beschreiben. Wahrscheinlich werden sie es nicht glauben und trotzdem können sie es ihren Freunden erzählen, denn es ist die Wahrheit. In diesem Land sind die Häuser mit Eierpfannkuchen gedeckt, Türen und Wände bestehen aus Lebkuchen, die Balken aus Schweinebraten. Die Gärten sind mit geflochtenen Bratwürsten eingezäunt. Niemand braucht sich anzustrengen. Die Brötchen wachsen an Birken und Weiden und fallen, wenn der Wind leise weht, von alleine in die Bäche, in denen kein Wasser, sondern Milch fließt.

In dem strahlenden Blau der breiten Flüsse kann man die Fische besonders leicht erkennen. Sie schwimmen nahe am Ufer und sind schon gebacken. Den Rufen der Schlaraffen, so heißen die Bewohner des Landes, folgen sie sofort, kommen an Land und hüpfen dem Schlaraffen direkt in die Hand, sodass Er sich nicht einmal zu bücken braucht.

Wenn Sie mit ihren Freunden kommen sollten, werden Sie es wahrscheinlich zunächst komisch finden, wenn die Schlaraffen mit offenem Mund durch die endlosen Straßen laufen, damit Ihnen jederzeit die leckeren, schon gebratenen Tauben hineinfliegen können.

Kommen sie her und schauen sie es sich an; Ihre Erwartungen werden nicht enttäuscht werden. Es grüßt sie herzlich

Christian

2 Schreibe die Sätze, in denen Rechtschreibfehler vorkommen, in richtiger Form auf.

3 In seinem Übereifer hat Christian vergessen, den Weg nach Schlaraffenland zu beschreiben. Er hat sich auch so sehr an die Bequemlichkeiten seiner Umgebung gewöhnt, dass er nicht mehr an die Rechtschreibregeln gedacht und in seinem zweiten Brief alles kleingeschrieben hat.
Schreibe den ersten Teil des Briefes in richtiger Groß- und Kleinschreibung ab. Vorsicht: Hier benutzt Christian nicht mehr die höfliche Anredeform, sondern duzt den unbekannten Fremden.

Schlaraffenstadt, am 503. Tag

Lieber Unbekannter,
mir ist eingefallen, dass ich dir überhaupt nicht geschrieben habe, wie du zu uns kommen kannst. gib diese wichtige botschaft bitte weiter, damit auch andere ihr glück machen können.
ich bin ununterbrochen gewandert, bis ich so müde war, dass ich mich unter dem nächstbesten baum schlafen legte. der mond schien besonders hell und ich sah plötzlich eine riesige mauer aus reisbrei. Wisst ihr, was dann geschah?

4 Diktiert euch gegenseitig die beiden letzten Abschnitte des Briefes.

Ich verspürte plötzlich einen solchen Hunger, dass ich mich durch die Mauer aus Reisbrei durchzufressen begann. Und stellt euch vor, nach mehreren Stunden, als ich kaum noch etwas essen konnte, entdeckte ich in dieser Mauer eine Art Kanal, der mit Honig gefüllt war.

Ich brauchte nur noch durchzuschwimmen und gelangte an seinem Ende in jenes schöne Land, das ich euch bereits beschrieben habe. Lieber Unbekannter, komm doch auch hierher, bring unsere gemeinsamen Freunde und Freundinnen mit, denn ohne euch ist es sehr langweilig hier.
Herzliche Grüße

Christian

5 Überprüfe: Sind in dem folgenden Nachsatz zu Christians Brief alle Anredepronomen richtig geschrieben? Markiere die Fehler am Rand. Es sind fünf.

P.S. Bitte entschuldigen Sie, lieber Unbekannter, dass ich sie in meinem letzten Brief so angesprochen habe, als wären Wir bereits die besten Freunde, denn ich habe plötzlich nicht mehr „Sie" zu ihnen gesagt. Nur dies wäre die richtige Form der Anrede gewesen, da wir uns noch nicht kennen. Aber hier in Schlaraffenstadt ist einfach alles anders. Also bitte seien sie mir nicht böse.

ihr (oder vielleicht doch: dein) Freund

Christian

6 Schreibe die fehlerhaften Sätze in der richtigen Groß- bzw. Kleinschreibung auf.

7 Möchtest du Christian folgen? Schreibe ihm einen Antwortbrief, in dem du darlegst, ob und warum du auch ins Schlaraffenland kommst. Vergiss dabei nicht die richtige Schreibung der Pronomen.

3. Substantivierung (Nominalisierung)

(147, 148)

Du weißt, dass es Substantive (Nomen) gibt, die aus Verben oder Adjektiven entstanden sind. Oft weisen dich Signalwörter wie Artikel oder Präpositionen auf die Substantivierung hin.
z. B. **Das** schnelle **Laufen** brachte sie außer Atem.
Ein leichtes **Rot** überzog sein Gesicht.
Zum Arbeiten braucht man Ruhe.

1 Unterstreiche die ~~sieben~~ Substantivierungen (Nominalisierungen) zusammen mit dem Signalwort.

Schulordnung im Land der Clowns

a) Die Schüler dürfen vor dem ersten Läuten das Schulgebäude nicht betreten, weil sie in den leeren Fluren und Räumen nicht genügend Unterhaltung finden.

b) Das Radfahren auf dem Schulhof, in den Klassenräumen und im Treppenhaus ist verboten, weil noch keine Verkehrsschilder aufgestellt sind.

c) Das Rutschen auf den Treppengeländern ist nicht erlaubt, weil am Ende dieser Rutschbahnen noch keine Planschbecken aufgestellt werden konnten.

d) Das Mitbringen von weißen Mäusen, Katzen, Hunden, kleinen Löwen und anderen Haustieren ist verboten, weil die Tiere den Krach in den Pausen nicht ertragen können.

e) Es ist verboten, im Unterricht zu sprechen. Aber ausnahmsweise ist beim Arbeiten Pfeifen und Singen erlaubt, denn sonst würde sich der Schultag in der Clown-Schule nicht deutlich genug von einem Schultag in einer gewöhnlichen Schule unterscheiden.

2 Wählt je zwei Schulregeln für Clowns aus und diktiert sie euch gegenseitig.

3 Setze die Ausdrücke, die in Klammern stehen, in richtiger Groß- und Kleinschreibung in die Lücken ein.

Ein kurzer Blick in das Leben und das Werk Karl Mays

Wer kennt ihn nicht, den Erfinder des (TAPFEREN UND EDELMÜTIGEN WINNETOU)________ ____ : Der Erfinder gab sich den Namen Karl May; doch lautete sein Geburtsname Karl Hohental. 1842 geboren wuchs Karl in einer sehr (ARMEN FAMILIE) ____________________ auf, die sich keine Reisen in die (WEITE FERNE) ____________________ leisten konnte. Immer wünschte sich Karl groß und stark, tapfer und mutig zu sein. Doch das gelang ihm in seinem Leben nicht so recht: Hunger und Not sowie der Wunsch mehr zu besitzen als andere trieben ihn zu (KLEINEN FÄLSCHEREIEN UND BETRÜGEREIEN) ____________________ ____________________, sodass Karl May sogar einige Zeit im Gefängnis verbringen musste. Du musst also (BEIM LESEN) ____________________ der spannenden Erlebnisse von Winnetou und Old Shatterhand wissen, dass Karl May die (WILDEN UND RAUEN BERGLANDSCHAFTEN) ____________________ ____________________ Amerikas nie gesehen hat und dass sie teils anderen Reiseberichten entnommen, teils der Fantasie des Autors entsprungen sind.

4 Schreibe den folgenden Text in richtiger Groß- und Kleinschreibung ab.

WINNETOU *frei nach Karl May*

WINNETOU STAND STILL UND UNBEWEGLICH VOR DER TÜR, DIE DUNKEL STRAHLENDEN AUGEN AUF MUTTER UND SOHN GERICHTET. DAS BLAUSCHWARZ SEINER LANGEN, DICHTEN HAARE GLÄNZTE; DIE HAARE FIELEN LANG AUF DEN STOLZ AUFGERICHTETEN RÜCKEN HERAB. KEINE ADLERFEDERN SCHMÜCKTEN DIESE INDIANISCHE HAARTRACHT. MAN SAH DIESEM MANN AUCH SO AN, DASS ER KEIN GEWÖHNLICHER KRIEGER WAR.

____

____

____

____

____

____

____

____

____

5 Diktiert euch gegenseitig die beiden folgenden Abschnitte des Textes.

Winnetou (Fortsetzung)

Beim Betrachten dieses Mannes war man sich sofort sicher einen bedeutenden Häuptling vor sich zu haben. Sein Blick war ernst, seine Gesichtszüge ebenmäßig und schön. Die Farbe seiner Haut war ein mattes Hellbraun mit einem leichten Rot.

Winnetou galt als gerecht und treu, klug und tapfer bis zur Verwegenheit, aufrichtig und ohne Lüge. Er war Freund und Beschützer aller Hilfsbedürftigen, aber ein Gegner aller Ungerechtigkeit. Seine edle Haltung war ihm beim Reiten, beim Kämpfen sowie beim Sprechen anzumerken.

Du weißt schon, dass auch unbestimmte Pronomen wie *viel, wenig, etwas, nichts* usw. Signalwörter für die Substantive (Nomen) sein können, die aus Adjektiven entstanden sind.
Z. B.: Petra musste beim Mittagessen *etwas Wichtiges* ankündigen.

6 Vervollständige die Sätze, indem du die Ausdrücke in den Klammern in richtiger Groß- und Kleinschreibung in die Lücken einsetzt.

Wir haben für unsere Ferien auf der Trauminsel ____________________ (VIEL ÜBERFLÜSSIGES) eingepackt; aber ____________________ (ETWAS WICHTIGES) vergessen: Wir hatten nicht daran gedacht, Vorräte mitzunehmen, sodass wir nicht ____________________ (GENUG ESSBARES) in unserem Traumhaus haben und bald zurückfahren müssen. Das ist sehr schade, denn es gibt hier ____________________ (ALLERLEI NEUES) zu entdecken.

7 Angesichts des ungewöhnlichen Lebens in Schlaraffenland kommt es zuweilen zu Unfällen. Die Zeitung, die in Schlaraffenstadt erscheint, berichtet darüber. Allerdings kennt sie nur die Großschreibung. Schreibe den Artikel in richtiger Groß- und Kleinschreibung ab.

ALLERLEI NEUES AUS SCHLARAFFENLAND

AM 511. TAG GESCHAH ETWAS KOMISCHES IN UNSERER STADT. EIN JUNGER MANN VERUNGLÜCKTE SCHWER, ALS ER SICH BEIM ÜBERQUEREN DER STRASSE AN EINEM TAUBENFLÜGEL VERSCHLUCKTE, DER IHM IN DEN OFFENEN MUND GEFLOGEN WAR. DER MANN HATTE AN NICHTS BÖSES GEDACHT UND WAR WOHL ÜBER EINS DER KÄSERÄDER GESTOLPERT, MIT DEM DIE STRASSEN HIER GEPFLASTERT SIND.

8 Verfahre wie in Aufgabe 7.

ALLERLEI NEUES AUS SCHLARAFFENLAND

BEI EINER ABENDGESELLSCHAFT IM GARTEN DES SCHLARAFFEN-RATHAUSES EREIGNETE SICH AM GESTRIGEN ABEND ETWAS AUSSERGEWÖHNLICHES. WAHRSCHEINLICH MÜSSEN IN ZUKUNFT VORKEHRUNGEN GETROFFEN WERDEN, DAMIT SCHLIMMERES VERHÜTET WERDEN KANN. GEBRATENE FERKEL, DIE EILENDS DEM RUFEN DER GÄSTE GEFOLGT UND IN DEN GARTEN GERANNT WAREN, VERLOREN DIE ORIENTIERUNG, RANNTEN ZIELLOS GEGENEINANDER UND STIESSEN DABEI TISCHE UND STÜHLE UM, SODASS DIE HUNGRIGEN GÄSTE IN PANIK DAVONLIEFEN.

____

____

____

____

____

____

____

____

____

____

Auch Possessivpronomen können dich auf eine Substantivierung (Nominalisierung) hinweisen.
Z. B. Die Vögel waren weithin zu hören, sodass mich **ihr Zwitschern** aufweckte.

9 Setze die Wörter des Wortspeichers mit richtiger Groß- und Kleinschreibung in die folgenden Sätze ein.

IHR FAULENZEN - IHR AUSGEDEHNTES SCHLAFEN - IHR FORTWÄHRENDES LÜGEN - UNSER RUFEN - DEIN UNERMÜDLICHES ÜBEN

Im Schlaraffenland wird anders belohnt als bei uns. Die Schlaraffen erhalten nicht nur für ______________________ Belohnungen, sondern auch für ________ ______________________ und ______________________ .

Man hat ______________________ überall gehört.

______________________ wird dir Erfolg bringen.

10 Du kannst die Regeln zur Groß- und Kleinschreibung, die du bisher kennen gelernt hast, in einem Partnerdiktat mit dem folgenden Text üben. Hier erzählt Alisetti, ein Junge aus Tansania, von seinem Leben in seinem Dorf.

Wir leben in einem kleinen Dorf ohne Brunnen. Das Wasser, das wir zum Kochen und Trinken und zum Waschen brauchen, müssen wir Kinder in großen Eimern vom Fluss in die Hütten schleppen. Wir gehen fast immer gemeinsam mit unseren Geschwistern und Freunden dorthin, denn unser Lachen und Schwatzen lenkt uns nachher auf dem Rückweg von der schweren Anstrengung beim Tragen ab.

Wir helfen unseren Eltern. Es ist für uns nichts Ungewöhnliches, wenn wir die Tiere zum Grasen auf die Weide führen. Wir haben keine Uhr. Aber die Sonne sagt uns, wann wir umkehren müssen, damit den Tieren im Dunkeln nichts zustößt. Es ist gut, dass die Tiere unser Rufen und Schreien kennen und selten von ihrem Weg nach Hause abweichen.
[*nach: Ursula Krebs: Wir lieben unser Land, aus: Guck mal übern Tellerrand, Wuppertal 1988*]

4. Numeralia

(154) Die Grundregel besagt, dass man Numeralia (Zahlwörter) wie *zwei, zweiter, achtel* kleinschreibt.

1 Schreibe auf, wo sich die sieben Geißlein überall verstecken.

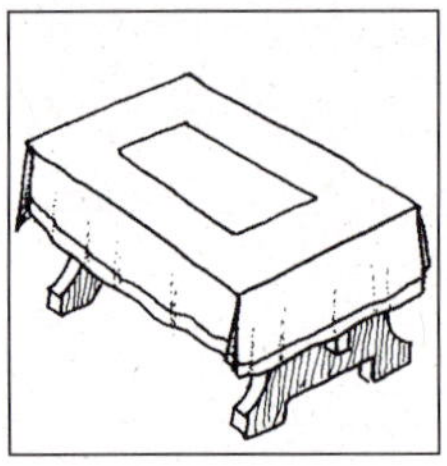
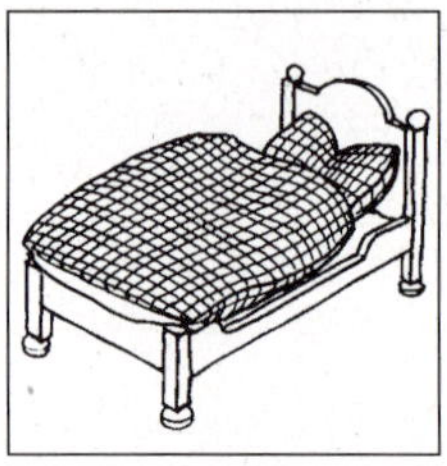
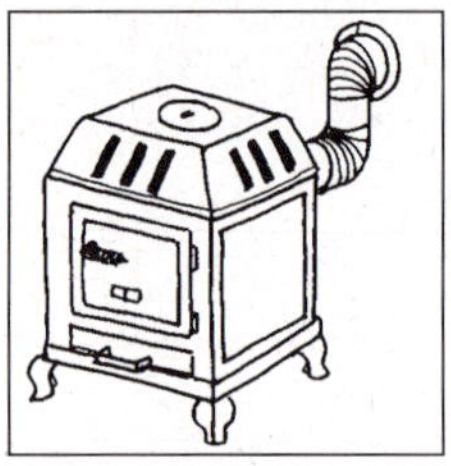

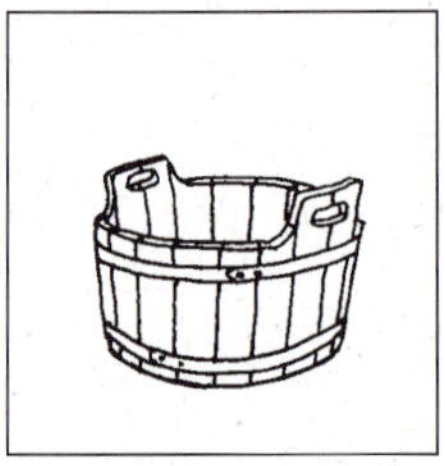

Das erste Geißlein kroch unter den Tisch.

2 Ersetze in der folgenden Geschichte die in Klammern stehenden Ziffern durch das entsprechende Zahlwort.

Gulliver im Lande Liliput.

Kaum dass ich mein Studium in Cambridge beendet und bei Professor Bates, dem bekannten Londoner Arzt, als Assistent allerlei Nützliches hinzugelernt hatte, entschloss ich mich zur See zu fahren. Am ________ (4.) Mai 1699 lichtete die „Antilope" in Bristol die Anker. Das Schiff fuhr nach Ostindien und in den ________ (1.) Monaten ging alles gut. Ich behandelte ________ (1) Beinbruch, die ________ (2) Blinddärme der Matrosen auf dem Mitteldeck und ________ (5) hohle Zähne.

[*nach: Erich Kästner, Gulliver im Lande Liliput, Ravensburg 1964*]

Eine der zwei Ausnahmen von der Grundregel lautet, dass ein Zahlwort dann großgeschrieben werden muss, wenn es als Substantiv (Nomen) einen Gegenstand, eine Menge oder eine Person bezeichnet.

Beispiele: Gegenstand: Er fährt mit der Acht. (= Buslinie 8)
Menge: Er trank ein Drittel der Literflasche aus; aber: ein viertel Liter
Person: Die Vierzehn spielte heute hervorragend.

3 Setze die richtigen Numeralia ein.

Anna hat wieder einmal in der Arbeit eine __________ (1) geschrieben.

Mehr als ein __________ (1/3) der Gäste war schon gekommen.

Ein __________ (1/5) des Weges war schon geschafft.

Der große Zeiger nähert sich der __________ (11).

4 Noch einmal!

Gulliver im Lande Liliput (Fortsetzung)

Am __________ (9.) Oktober gerieten wir in einen fürchterlichen Sturm. Schon nach __________ (5) Minuten war ein __________ (1/3) der Besegelung zerfetzt und __________ (2/3) der Mannschaft waren verletzt oder gar tot. Gleich zu Beginn des Sturmes wurden __________ (3) Matrosen über Bord gespült und __________ (7) wurden von herumfliegenden Teilen erschlagen, die bis zu einer __________ (1/4) Tonne Gewicht hatten.

Am __________ (10.) Oktober lief das Schiff dann auf ein Riff und versank.

5 Und noch einmal!

Die ______________ , so nannten wir unser Rettungsboot, da es am Bug die Ziffer ______________
(2) (2)

stehen hatte, bot mir und ______________ weiteren Matrosen zunächst Schutz vor den Fluten, doch
(8)

wir hatten uns kaum ______________ Bootslängen vom Riff entfernt, da versank es. Mit letzter Kraft
(5)

konnte ich mich auf einen nahe gelegenen Strand retten.

> Die zweite Ausnahme, die du dir merken musst, lautet, dass hohe Grundzahlen (ab einer Million) immer großgeschrieben werden. Beispiel: 2 000 000 = zwei Millionen

6 Schreibe die entsprechenden Zahlwörter richtig in die Lücken.

8 000 000: London hat über ______________________________ Einwohner.

10 000 000: Die Luxusvilla des Filmstars kostete ______________________________ Euro.

7 Hier kannst du noch einmal üben.

Gulliver im Lande Liliput (Fortsetzung)

Als ich am nächsten Morgen erwachte, konnte ich mich nicht bewegen. Da merkte ich, dass ich mit

über ______________________________ kleinen Fäden gefesselt war, die so fein waren,
(10 000)

dass ich sie kaum erkennen konnte. Ihre Stärke betrug vielleicht ______________________________
(1/10)

eines starken Zwirnsfadens. Während ich so dalag und versuchte meiner Überraschung Herr zu

werden, spürte ich ein unangenehmes Kribbeln an meinen Hosenbeinen. Ich schielte vorsichtig an

mir herunter. Da sah ich, wie sich mindestens ______________________________ schwer bewaffneter
(1 000 000)

Menschlein meiner Brust näherte. Ich schrie auf. Die ______________ ______________
(1.) (800)

der Winzlinge trugen Lanzen, die folgenden ______________________________
(20 000)

Soldaten trugen Speere und dann kamen etwa ______________________________
(100 000)

Menschen, die mit ihren Pfeilen auf mich zielten. Da wurde mir klar, dass ich in Liliput war.

1. Verben

Zwei Wörter schreibt man dann als ein Wort, wenn sie zusammen eine gemeinsame Wortbedeutung haben. (119)

Beispiele: 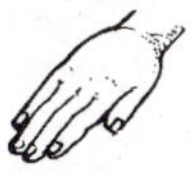 +  = 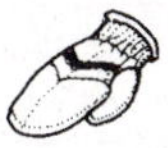

Hand Schuh Handschuh

vor + tragen = vortragen

1 Schreibe die möglichen Wortverbindungen auf.

ver – tragen / Tiefe / schätzen

heraus – Haus / hängen / kommen

heim – gehen / bleiben / halten

2 Schreibe aus dem Folgenden die vier Verben heraus, die aus zwei Wörtern zusammengesetzt sind.

Eines Morgens wollte der Lehrer von Abraham Lincoln, der später einer der berühmtesten Präsidenten der USA wurde, überprüfen, ob alle Schüler saubere Hände hätten. Als er an Lincolns Tisch herantrat, wischte sich der Junge schnell die rechte Hand an der Hose ab, ehe er sie zaghaft vorzeigte.

3 Hier gibt es drei Verben, die aus zwei Wörtern zusammengesetzt sind.

Da sagte der Lehrer:„Jetzt habe ich dich überführt, du Schmutzfink. Ich werde dich nur dann von einer Strafe freisprechen, wenn du mir hier in der Klasse eine Hand zeigst, die noch schmutziger ist als diese.“ „Hier, Herr Lehrer!“, rief geistesgegenwärtig der Junge, indem er triumphierend seine linke Hand emporstreckte.
[*aus: Dietrich Albrecht (Hg.), Curriculumelemente für den Deutschunterricht in 5./6. Klassen, Weinheim/Basel 1974*]

4 Bilde aus den Wörtern dieser zwei Wortspeicher so viele zusammengesetzte Wörter wie möglich.

fort fest Teil (>teil) zurück unter über	+	nehmen stellen stimmen führen legen gehen bringen

5 Verfahre so wie in Aufgabe 4.

bloß	bereit	+	stellen	halten
los	fern		schlagen	sprechen
wider	dazwischen		fahren	treten
auf			sehen	

6 Bilde mit 6 der zusammengesetzten Verben je einen Satz.

(120) **7** Zusammen oder getrennt? Fülle die Lücken.

zusammenspielen – zusammen spielen

Nur wenn wir wirklich ______________________, können wir ein Tor machen.

Die drei Mädchen wollten in der Pause ______________________.

wiederholen – wieder holen

Kannst du diesen Satz bitte ______________________ ?

Wir müssen jetzt zuerst den Ball ______________________ .

Du hast sicherlich schon gemerkt, dass diese Wörter nicht nur verschiedene Bedeutungen haben, sondern auch verschieden betont werden (féststellen, fést stéllen). Als Hilfe kann man sich merken, dass getrennt geschriebene Wörter zwei Betonungen haben, zusammengeschriebene Wörter haben dagegen fast immer nur eine Betonung.

8 Setze die Betonungszeichen und vervollständige die Sätze.

sichergehen – sicher gehen

Auf dem Fußweg kann man ______________________.

Ich will ______________________, dass du schweigst.

freisprechen – frei sprechen

Yvonne war die beste Rednerin; sie konnte ausgezeichnet ______________________.

Der Dieb war mangels an Beweisen ______________________ worden.

dichthalten – dicht halten

Ob der Komplize wohl ______________________ würde?

Die Wasserleitung muss ______________________.

9 Hier sind noch weitere Lücken zu füllen.

zusammenfahren – zusammen fahren

Anna wartet auf Anke um mit ihr ______________________.

Das Knistern der Balken ließ Jürgen ______________________.

daherkommen – daher kommen

Sie sahen ihn heute fröhlich pfeifend ______________________.

Sollte dies ______________________, dass morgen die Ferien anfangen?

hochstapeln – hoch stapeln

Der Lagerarbeiter sollte die Kisten ______________________.

Der Angeber konnte immer nur ______________________.

10 Bilde mit den Wörtern aus den Wortspeichern eigene Sätze.

gleich kommen – gut schreiben	gleichkommen – gutschreiben

____

____

____

____

Für die Wortbildung mit „zu“ gelten die gleichen Regeln der Zusammen- und Getrenntschreibung, wie du sie schon kennen gelernt hast.

11 In den folgenden Sätzen stimmt etwas mit dem Inhalt nicht. Um sie richtig unten in die Leerzeilen schreiben zu können musst du die fett gedruckten Ausdrücke den Sätzen neu zuordnen.

Die Busse fuhren so selten, dass es schwierig war, pünktlich **zu hören**.
Es ist notwendig, die Gitarre regelmäßig **zu lassen.**
Mutter forderte Ralph auf endlich seine Schultasche **zu kommen**.
Es ist nicht leicht, Katzen alleine **zu stimmen.**
Ich kann es nicht mehr ertragen, diese Musik **zu packen.**

____

____

____

____

____

____

____

12 Die gleichen Wörter, die in den Sätzen der Übung oben fett gedruckt sind, erhalten zusammengeschrieben eine neue Bedeutung (z.B. zu stimmen (eine Gitarre) – zustimmen (einer Meinung sein). Setze diese Verben so in die folgenden Sätze ein, dass sinnvolle Aussagen entstehen.

Die Kinder wollten der Großmutter nicht ______________________.

Sebastian konnte beim Einräumen schon tüchtig ______________________.

Diesem Vorschlag mussten die Eltern schon ______________________.

Das werde ich nicht ______________________!

Wenn du mir doch auch einen Keks ______________________ lassen würdest.

13 Fülle die Lücken mit den passenden Wörtern aus dem Wortspeicher.

zuhören   zustimmen   zusetzen   zu hören   zusammenkommen   zu stimmen   zukommen   zu kommen   zusammen kommen   zu sehen   auszutauschen   kennen zu lernen

Einem Indianer war es nach vielen Schwierigkeiten gelungen, in die Stadt ________________, um die Lebensgewohnheiten des weißen Mannes besser ________________. Schon nach den ersten Tagen musste er seinen Brüdern und Schwestern ________________ : Die Hektik der vielen Menschen, der Lärm und der Gestank der vielen Autos waren neuartig und verwirrend für ihn. So dachte er auch im Stillen: Dieser Krach wird den Menschen irgendwann so ________________, dass sie davon krank werden. Ich werde bald zurückkehren in die ruhigen Wälder des Nordens. Doch zuerst musste er noch mit einem weißen Mann ________________ um einige Kaufverträge ________________.

Die beide Männer gingen die Straße entlang, als der Indianer plötzlich sagte:„Hörst du auch, was ich höre?“ Der Weiße horchte und sagte: „Alles, was ich höre, ist das Hupen der Autos.“ „Ich höre ganz in der Nähe eine Grille zirpen.“ „Du musst dich täuschen; selbst wenn es eine gäbe, wäre es nicht möglich, ihr Zirpen bei dem Verkehrslärm ________________ . Der Indianer ging auf eine Hauswand mit wildem Wein zu. Er schob die Blätter auseinander – und da saß eine Grille. Der Weiße sagte:„Indianer können eben besser ________________ als Weiße.“ Der Indianer erwiderte:„Da täuschst du dich. Ich will es dir beweisen.“ Und er warf ein 50-Cent-Stück auf die Straße. Es klimperte auf dem Asphalt und die Leute, die mehrere Meter entfernt gingen, wurden auf das Geräusch aufmerksam. „Siehst du?“, sagte der Indianer, „das Geräusch, das das Geldstück gemacht hat, war nicht lauter als das der Grille. Und doch hörten es viele der weißen Menschen. Der Grund liegt darin, dass wir alle stets das gut hören, worauf wir zu achten gewohnt sind.“

[*nach: Der Indianer und der weiße Mann, aus: Die Blumen des Blinden, München 1983*]